Tobias Seitle

30 TAGE VEGAN CHALLENGE

Motiviert ins vegane Leben starten

#FOODIE

INHALT

VORWORT

Beim Erstellen dieses Kochbuchs war es mein Ziel, ein Buch zu kreieren, das ich gerne gehabt hätte, als ich auf die vegane Lebensweise umgestiegen bin. Ich hatte damals viele Fragen: Bekomme ich einen Nährstoffmangel? Was kann ich noch essen? Welche Nahrungsergänzungsmittel brauche ich? Ist Soja gefährlich? Dieses Buch beantwortet diese und viele weitere Fragen. Durch das aufbereitete Wissen lernst du Schritt für Schritt, wie du alle wichtigen Nährstoffe auf pflanzlicher Basis erhalten kannst, mögliche Bedenken bezüglich Proteinen, Vitaminen und Mineralstoffen aus dem Weg räumst und wie du deinen Speiseplan so gestaltest, dass er nicht nur gesund, sondern auch köstlich ist. Bei den Rezepten liegt der Fokus auf Alltagstauglichkeit und Geschmack. So verbindet das Kochbuch Expertenwissen mit leckeren Rezepten. Es ist der perfekte Begleiter für den Einstieg in die vegane Ernährung, aber auch für „Bereits-Veganer", die alle Informationen in einem Werk gesammelt haben möchten.

Wie der Name des Buchs schon andeutet, lade ich dich ein, mit mir gemeinsam auf einer vierwöchigen Reise die Vorzüge einer pflanzlichen Ernährung zu entdecken. Ich liebe Herausforderungen und Abenteuer. Sie treiben uns an, ermöglichen persönliches Wachstum und eröffnen neue Horizonte. Auf meiner eigenen Reise zur veganen Ernährung habe ich ebenfalls eine 30-Tage-Challenge absolviert, um mich selbst besser zu verstehen und die Welt in einem neuen Licht zu sehen. Ich bin davon überzeugt, dass auch für dich die „Vegan Challenge" eine transformative Erfahrung sein kann.

Diese Reise wird nicht nur deine Ernährung verändern, sondern auch deinen Blick auf die Welt. Du wirst entdecken, wie der Einfluss auf die Umwelt und das Wohl der Tiere auch in deinen Händen liegen. Vegan zu leben, ist nicht nur eine persönliche Entscheidung, sondern auch ein Akt der Empathie und Nachhaltigkeit.

Nutze dieses Buch als Sprungbrett in einen nachhaltigeren Lebensstil, der deine Gesundheit, dein Gewissen und unsere Welt positiv beeinflusst. Ich begleite dich dabei, du wirst Hindernisse überwinden und Erfolge feiern.

Also, packen wir es an!

Herzlichst
Dein

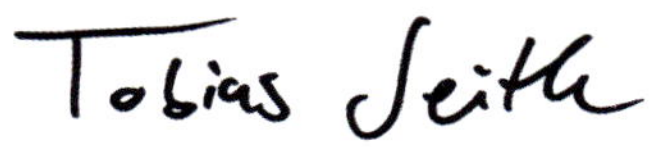

PS: Wie du bestimmt schon bemerkt hast, verwende ich beim Schreiben die männliche Form. Selbstverständlich sind zu jedem Zeitpunkt in diesem Buch immer alle Geschlechter angesprochen, ob männlich, weiblich oder divers.

ALLES, WAS DU WISSEN MUSST

GRUNDLAGEN DER VEGANEN ERNÄHRUNG

Meine Reise zur veganen Ernährung

Als ich etwa 10 Jahre alt war, begleitete ich eines Tages meinen Vater zu meinem Onkel, der einen kleinen Hof besaß und Schweine hielt. An diesem Tag machte ich eine Erfahrung, die mein Leben nachhaltig prägen sollte. Das wurde mir natürlich erst später bewusst. Mein Vater hatte mich mitgenommen, um mir die Realität der Fleischproduktion zu zeigen. Ich war hautnah dabei, als die Schweine gefangen wurden, der Bolzenschuss zu hören war und die Tiere sauber gemacht, aufgehängt und zerlegt wurden. Damals empfand ich keine unmittelbare Erschütterung, dennoch verfolgte mich ein Gedanke: Warum töten wir Tiere, um sie zu essen? Sie wollen doch auch leben.

In den nächsten Tagen, wenn ich in unserem Esszimmer auf das Frühstück schaute, tauchte immer wieder derselbe Gedanke auf. Das Erlebnis auf dem Hof meines Onkels hatte die Saat für meine zukünftige Denkweise zum Keimen gebracht. Einige Wochen ernährte ich mich sogar vegetarisch. Doch wie das Leben so spielt, kehrte der Alltag bald wieder ein, und ich aß, was mir vorgesetzt wurde. Mit den Jahren und meiner wachsenden Überzeugung, dass Fleisch für eine ausgewogene Ernährung unverzichtbar sei, verblasste die Erinnerung an diesen bedeutenden Tag meiner Kindheit.

Vor etwa 5 Jahren verschaffte sich das damalige Erlebnis in meinem Gedächtnis erneut Raum, als ich begann, mich intensiver mit wissenschaftlicher Literatur über Ernährung zu beschäftigen. Ich stellte fest, dass meine Vorstellung von einer gesunden Ernährung, die viel Fleisch beinhaltet, nicht der Realität entsprach. Mein Fleischkonsum begann zu schwinden. Mit der Zeit wurde das Thema der veganen Ernährung in meinem Leben immer präsenter. Dokumentationen und Bücher vermittelten mir mehr Einblick, vor allem auch in die ethische Seite der veganen Ernährung. Ich wollte weiter dazulernen und insbesondere eigene Erfahrungen machen. So startete ich eine vierwöchige „Vegan Challenge" und ernährte mich ausschließlich vegan. Obwohl es zunächst nur als Experiment gedacht war, wurde mir bald klar, dass ein veganes Leben in der Tat der richtige Weg sein könnte. Trotzdem ernährte ich mich nach dieser Challenge zunächst wieder wie zuvor. Bis zu einem bestimmten Tag.

An diesem Tag sah ich eine Dokumentation, die innerhalb von 30 Minuten mein Leben komplett veränderte. „Earthlings" – ein schockierendes Zeugnis über die Nutztierhaltung und den Konsum von Fleisch. Die Bilder waren so erschütternd, dass ich nach der halben Laufzeit abbrach. Von diesem Tag an lebte ich vegan. Die Botschaft war klar wie nie zuvor: Wenn ich kein Tier töten will und kann, dann sollte es auch niemand anderes für mich tun. Ich wollte kein System mehr unterstützen, das auf so viel Leid beruht. Warum sollte ich fühlenden Lebewesen Leid zufügen für Lebensmittel, die ich für ein gesundes Leben nicht einmal brauche?

Der Schritt zur veganen Ernährung war für mich eine ethische Entscheidung. Es war so befreiend, diese innere Spannung loszulassen und im Einklang mit meinen ethischen und moralischen Werten zu leben. Es fühlte sich an, als wäre mir mit dieser Entscheidung eine große Last von den Schultern genommen worden. Seitdem freue ich mich jeden Tag über das Essen auf meinem Teller, das kein Leid erzeugt hat und für das niemand sein Leben lassen musste.

Der Umstieg auf eine vegane Ernährung hatte nicht nur Auswirkungen auf meine ethische Haltung, sondern auch auf meine Gesundheit. Ich hatte jahrelang mit einer unangenehmen Akne auf meinen Schulterblättern zu kämpfen gehabt, die teilweise schmerzhaft entzündet gewesen war. Mit dem Beginn der veganen Ernährung verschwanden diese Probleme. Heute fühle ich mich nicht nur besser, sondern auch verbundener mit der Umwelt und der Natur.

Dieser Prozess hat mir vor Augen geführt, in welchem Paradoxon ich immer gelebt hatte. Ich hatte mich eigentlich als Tierfreund gesehen und doch Tierprodukte konsumiert, ohne darüber nachzudenken. Die Diskrepanz zwischen dem Wunsch, Tieren nicht zu schaden, und dem Essen von Tieren ist ein innerer Konflikt, den wohl die meisten Menschen versuchen zu ignorieren. Doch ich konnte nicht länger wegsehen.

Die Entscheidung für eine vegane Ernährung mag persönlich sein, aber sie hat Auswirkungen auf die Welt, die Tiere und unsere eigene Gesundheit. Jeder von uns hat die Möglichkeit, etwas zu bewegen. Lass uns gemeinsam Teil dieser Bewegung sein für eine gesündere und bessere Welt!

Was ist Veganismus?

Bevor wir in die Tiefen der Nährstoffkunde eintauchen, macht es sicher Sinn, zunächst den Begriff Veganismus unter die Lupe zu nehmen und was er überhaupt bedeutet.

The Vegan Society, gegründet 1944 in England und eine der ältesten veganen Organisationen der Welt, definiert den Veganismus als „eine Lebensweise, die versucht - soweit wie praktisch durchführbar - alle Formen der Ausbeutung und Grausamkeiten an leidensfähigen Tieren für Essen, Kleidung und andere Zwecke zu vermeiden; und in weiterer Folge die Entwicklung und Verwendung von tierfreien Alternativen zugunsten von Mensch, Tier und Umwelt fördert. In Bezug auf die Ernährung bedeutet dies den Verzicht auf alle Produkte, die zur Gänze oder teilweise von Tieren gewonnen werden."[1] Betrachten wir nun diese Definition näher:

1. Vermeidung von Ausbeutung und Grausamkeit: Der zentrale Gedanke des Veganismus ist der Schutz von Tieren vor unnötigem Leid. Vegan lebende Menschen setzen sich dafür ein, dass Tiere nicht länger ausgebeutet oder grausamen Praktiken ausgesetzt werden. Das schließt die Nutztierhaltung, Tierversuche, Pelz- und Lederproduktion sowie andere Formen der Tierausbeutung ein.

2. Soweit wie praktisch durchführbar: Veganismus versteht sich als eine erreichbare Lebensweise, die sich den individuellen Umständen anpasst. Es ist die Absicht, soweit wie möglich auf Tierprodukte zu verzichten, jedoch ohne unverhältnismäßige Schwierigkeiten oder gesundheitliche Risiken einzugehen. Jeder einzelne Schritt in Richtung einer pflanzlichen Ernährung und Lebensweise ist ein positiver Beitrag.

3. Förderung tierfreier Alternativen: Vegan lebende Personen fördern aktiv die Entwicklung und Verwendung tierfreier Alternativen in allen Lebensbereichen, sei es beispielsweise bei Lebensmitteln, Kleidung, Kosmetik, aber letztlich auch bei beinahe allen anderen Produkten. Diese Alternativen sollen gleichermaßen Menschen, Tieren und Umwelt zugutekommen.

In Bezug auf die Ernährung bedeutet Veganismus, auf jegliche Produkte zu verzichten, die von Tieren gewonnen werden. Dies umfasst nicht nur Fleisch, sondern auch Milchprodukte, Eier, Honig und andere tierische Bestandteile.

In den folgenden Kapiteln werden wir uns genauer mit den Aspekten der veganen Ernährung auseinandersetzen, einschließlich der gesundheitlichen Vorteile und praktischen Tipps für den Umstieg auf eine pflanzliche Ernährung.

Drei Gründe für vegane Ernährung

Die Entscheidung für eine vegane Ernährung wird größtenteils von drei Faktoren angetrieben: Umweltauswirkungen, Tierethik und Gesundheit.

1. Umweltauswirkungen: Die globale Tierindustrie trägt maßgeblich dazu bei, das Wohl unseres Planeten zu gefährden. Die Auswirkungen reichen von erheblichen Treibhausgasemissionen über massive Landnutzung bis zu hohem Wasserverbrauch. Zentral ist der Klimawandel, der hauptsächlich durch die Emission von Treibhausgasen verursacht wird. Die weltweite Tierhaltung stößt beispielsweise mehr Treibhausgase aus als der gesamte Verkehrssektor auf unserer Erde.[2] Die Umstellung auf eine vegane Ernährung leistet insofern einen direkten Beitrag zur Reduzierung der Umweltbelastung, indem sie die Emission von Treibhausgasen reduziert und den Ressourcenverbrauch minimiert.

2. Tierethik: Ein wachsendes Bewusstsein für die Lebensbedingungen der Tiere in der Tierindustrie hat dazu geführt, dass viele Menschen ihre Einstellung zur Tierhaltung überdenken. Tiere sind fühlende Wesen. Sie erleben Freude, Schmerz, Angst und Liebe genauso intensiv wie wir Menschen. Doch oft werden sie als bloße Ressourcen behandelt. Millionen von Tieren weltweit werden unter unvorstellbaren Bedingungen gehalten, nur um unseren unstillbaren Hunger nach Fleisch, Milch, Eiern und anderen tierischen Produkten zu befriedigen. Sie leiden still und unbeachtet. Kühe stehen in engen Ställen und werden niemals die Freiheit auf einer grünen Weide erleben. Damit sie Milch produzieren, werden sie dauerhaft befruchtet, nach der Geburt wird ihnen ihr Kind weggenommen. Männliche Kälber kommen meistens sofort in die Mast, um dann geschlachtet zu werden. Nimmt die Milchleistung der Kühe nach 4 bis 5 Jahren ab, sind sie nicht mehr zu gebrauchen und werden geschlachtet. Hühner verbringen ihr Leben in winzigen Käfigen, ohne jemals den Himmel zu sehen, und werden geschlachtet, sobald die Legeleistung nachlässt. Schweine leben unter schrecklichen Bedingungen auf engstem Raum und spüren niemals die Sonne auf ihrer Haut.

3. Gesundheit: Viele Menschen berichten von der persönlichen Erfahrung, dass sich durch die Umstellung auf eine vegane Ernährung ihre Gesundheit verbessert und die Lebensqualität gesteigert habe. Doch was sagt die Wissenschaft? Wie gesund ist eine vegane Ernährung und was macht eine gesunde Ernährung überhaupt aus?

Ist vegane Ernährung gesund?

In der Debatte über vegane Ernährung stehen sich Befürworter und Gegner mit unterschiedlichen Meinungen gegenüber. Einerseits wird der gesundheitliche Vorteil einer veganen Ernährung betont, während andererseits Bedenken wegen möglicher Nährstoffmängel geäußert werden.

Es ist entscheidend zu verstehen, dass „vegan" nicht zwangsläufig eine gute Qualität der Ernährung bedeutet. Eine vegane Ernährung kann ausgewogen und vollwertig sein, jedoch auch hauptsächlich aus stark verarbeiteten Lebensmitteln bestehen. Die Qualität der veganen Ernährung hängt somit stark von der Lebensmittelauswahl und Planung ab. Nicht jede vegane Ernährungsweise ist automatisch gesund.

Was man jedoch weiß, ist, dass eine gut geplante, vollwertige vegane Ernährung bedarfsdeckend ist und sogar gesundheitliche Vorteile mit sich bringen kann.[3] Vegetarische und vegane Ernährung zeichnet sich im Vergleich zur herkömmlichen Mischkost in Deutschland häufig durch eine günstigere Zusammensetzung aus, wenn es um Ballaststoffe, Vitamine, Mineralstoffe und sekundäre Pflanzenstoffe geht. Im Vergleich zur aktuell üblichen „deutschen Mischkost" geht eine pflanzenbasierte Ernährung mit einem geringeren Risiko für ernährungsbedingte Krankheiten einher.[4] So wird eine vegane Ernährung mit einem reduzierten Risiko für

Herz-Kreislauf-Erkrankungen, bestimmte Krebserkrankungen, Typ-2-Diabetes und mit einer besseren Gewichtskontrolle in Verbindung gebracht.[5]

Da beim veganen Lebensstil tierische Produkte komplett vom Speiseplan gestrichen werden, nimmt man dementsprechend auch weniger bis keine der darin enthaltenen Nährstoffe auf. Deswegen ist es wichtig, sich mit diesen sogenannten potenziell kritischen Nährstoffen veganer Ernährung auseinanderzusetzen, um von den gesundheitlichen Vorteilen auch wirklich zu profitieren.

Potenziell kritische Nährstoffe

Egal ob vegan, vegetarisch oder Mischkost: Bei jeder Ernährungsweise sollte man die potenziell kritischen Nährstoffe kennen, um einen bedarfsgerechten Speiseplan zu gewährleisten. Es gelten die Nährstoffe als kritisch, die in einer veganen Ernährung in geringeren Mengen vorkommen oder schwieriger vom Körper aufgenommen werden können. Mit einer gut geplanten veganen Ernährung können bis auf Vitamin B_{12} und Vitamin D theoretisch alle Nährstoffe in ausreichender Menge aufgenommen werden. Was genau dabei zu beachten ist, sei nachfolgend erläutert.

1. Vitamin B_{12}

Vitamin B_{12} ist einer der bekanntesten kritischen Nährstoffe für vegan lebende Menschen. Er wird von bestimmten Mikroorganismen gebildet und kommt hauptsächlich in tierischen Lebensmitteln vor. B_{12} spielt eine entscheidende Rolle bei der Bildung roter Blutkörperchen, der Entwicklung und Funktion des Nervensystems und der DNA-Bildung.[6] Bei veganer Ernährung sollte auf die ausreichende Versorgung mit Vitamin B_{12} unbedingt geachtet werden. Der Körper kann pro Mahlzeit oder Supplement-Einnahme ca. 2 µg aktiv aufnehmen. Nach einer Pause von 4 bis 6 Stunden kann er dann die gleiche Menge erneut aufnehmen.[7] Um auf die empfohlene Menge von 4 µg Vitamin B_{12} täglich zu kommen, gibt es drei Optionen:

1. Zweimal täglich 5–10 µg supplementieren

Es reicht theoretisch aus, zweimal täglich 2 µg Vitamin B_{12} im Abstand von 4 bis 6 Stunden einzunehmen. Mit Sicherheitspuffer sind zweimal 5–10 µg Vitamin B_{12} täglich zu empfehlen.

2. Einmal täglich 50–100 µg supplementieren

Möchte man nur einmal täglich Vitamin B_{12} supplementieren, muss die Dosis höher sein. Der Körper kann neben der aktiven Aufnahme von 2 µg noch 1–3 % der Vitamin-B_{12}-Dosis durch passive Diffusion aufnehmen.[8] Bei den meisten Personen reichen 50–100 µg täglich aus, um in den Normbereich zu kommen und dort zu bleiben.[9]

3. Angereicherte Lebensmittel

Wenn man seinen Bedarf durch angereicherte Lebensmittel decken will, sollten gezielt Produkte mit ausreichender Menge an Vitamin B_{12} ausgewählt werden. Durch die begrenzte Aufnahmefähigkeit sollten dreimal täglich Produkte mit mindestens 1,5 µg Vitamin B_{12} pro Portion mit zeitlichem Abstand gegessen oder getrunken werden.

Die Vitamin-B_{12}-Versorgung kann durch den Marker Holotranscobalamin (Holo-TC) überprüft werden und sollte über 50 pmol/l liegen.[10]

2. Omega-3-Fettsäuren

Omega-3-Fettsäuren, insbesondere Eicosapentaensäure (EPA) und Docosahexaensäure (DHA), sind wichtig für die Herzgesundheit sowie für die Gehirnfunktion und -entwicklung.[11] Diese Fettsäuren kommen in der Ernährung vor allem in fettreichen Kaltwasserfischen vor. Die ursprüngliche Quelle von EPA und DHA sind Mikroalgen, welche vom Fisch verzehrt werden, wodurch sich das EPA und DHA im Fisch anreichert.[12]

In pflanzlichen Lebensmitteln befindet sich die essenzielle Fettsäure Alpha-Linolensäure (ALA). Sie ist die Vorstufe von EPA und DHA und der Körper kann ALA in EPA und DHA umwandeln. Gute Quellen für ALA sind Leinsamen, Chiasamen,

Walnüsse, Hanfsamen sowie deren Öle. Für eine ausreichende ALA-Versorgung sollte man etwa 2–4 g ALA am Tag zu sich nehmen, was etwa 9–18 g Leinsamen oder 22–44 g Walnüssen entspricht.[13/14]

Die Zufuhr von Linolsäure (v. a. in Sonnenblumenöl und stark verarbeiteten Lebensmitteln) sollte gleichzeitig verringert werden. Die Umwandlungsrate von ALA in EPA und DHA ist sehr gering und wird durch eine hohe Zufuhr der Omega-6-Fettsäure Linolsäure weiter limitiert.[15/16] Die Grafik (unten auf dieser Seite) stellt diese Zusammenhänge anschaulich dar.

Es gibt außerdem große individuelle Unterschiede bei den Umwandlungsraten. So spielen unter anderem das Geschlecht, die Genetik und das Alter eine entscheidende Rolle.[17] Um herauszufinden, ob die alleinige Zufuhr von ALA reicht, kann man einen HS-Omega-Index-Bluttest machen. Dieser sollte bei über 8 % liegen.[18] Liegt man darunter, sollte Mikroalgenöl supplementiert werden.

Vegetarisch und vegan lebende Personen haben meistens einen niedrigeren HS-Omega-3-Index als Mischköstler. Die Supplementierung von EPA und DHA durch Mikroalgenöl verbessert in Studien den Omega-3-Index von vegan lebenden Menschen deutlich.[19] Ein höherer Omega-3-Index (> 8 %) steht mit einer besseren kardiovaskulären und neurologischen Gesundheit in Verbindung.[20/21]

Menschen, die direkte EPA- und DHA-Quellen in der Ernährung ausschließen oder bei denen die

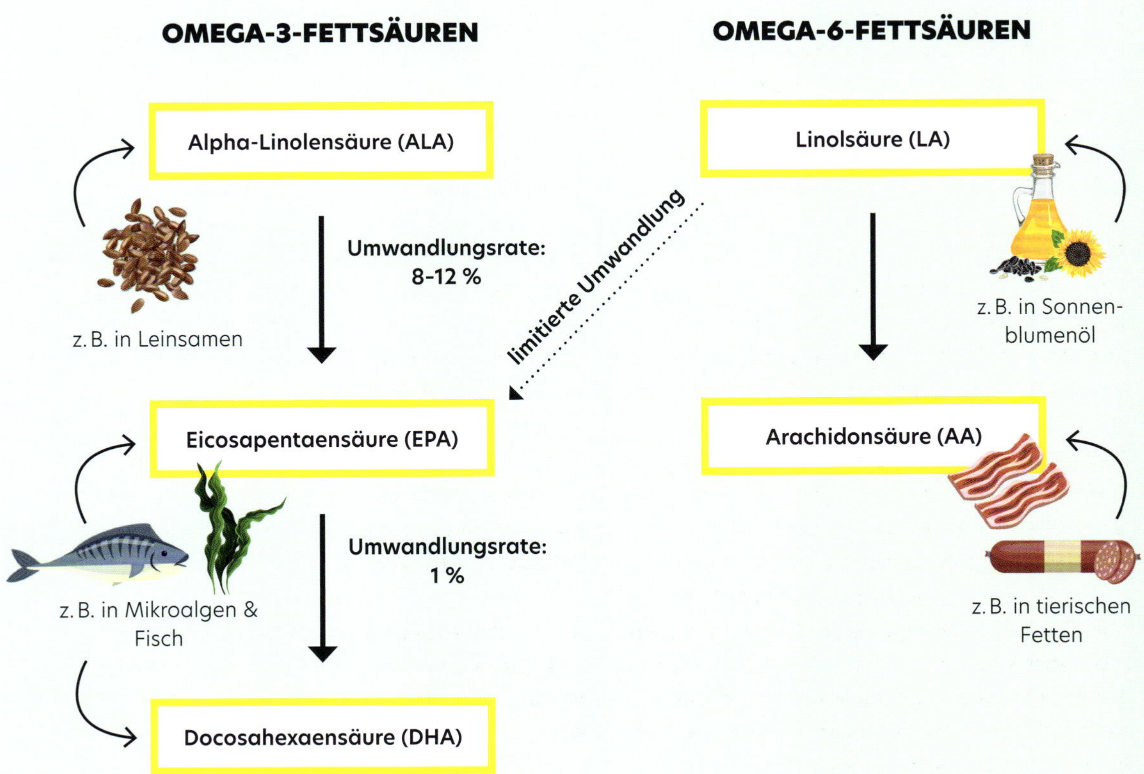

sowieso schon limitierte Umwandlung von ALA zu EPA und DHA durch Genetik, Alter und andere Faktoren noch weiter limitiert wird, können also von einer Supplementierung mit Mikroalgenöl gesundheitlich profitieren. Aufgrund der Rolle von EPA und DHA im Gehirn und im zentralen Nervensystem könnte eine Nahrungsergänzung mit Mikroalgenöl für Menschen, die sich vegetarisch und vegan ernähren, genauso sinnvoll sein wie eine B_{12}-Ergänzung.

Einige internationale Fachgesellschaften empfehlen zur Prävention von Herz-Kreislauf-Erkrankungen allen Erwachsenen eine Supplementierung von 250–500 mg EPA und DHA täglich.[22] Da vor allem DHA wichtig für die Gehirnentwicklung ist, sollten Schwangere und Stillende täglich 200–600 mg DHA zu sich nehmen.[23/24]

3. Vitamin D

Egal ob vegan, vegetarisch oder Mischkost: Vitamin D gilt als potenziell kritischer Nährstoff. 91 % der Frauen und 82 % der Männer in Deutschland erreichen nicht die empfohlene Vitamin-D-Zufuhr.[25] Vitamin D wird zum Großteil bei Sonnenlichtbestrahlung der Haut im Körper gebildet.[26] Es ist vor allem für die Knochengesundheit, Muskelkraft und das Immunsystem wichtig.[27] Zwischen April und September reicht je nach Hauttyp ein Aufenthalt von 5 bis 25 Minuten in der Sonne aus, um den Vitamin-D-Bedarf zu decken. Gesicht, Hände und Teile von Armen und Beinen sollten dabei nicht bedeckt sein.[28] In unseren Breitengraden ist von Oktober bis März die Sonnenbestrahlung zu schwach, um ausreichend Vitamin D bilden zu können. In diesen Monaten ist eine Deckung des Vitamin-D-Bedarfs durch ein Nahrungsergänzungsmittel sinnvoll.[29] Für die Beurteilung der Vitamin-D-Versorgung bestimmt man die Konzentration von 25-Hydroxyvitamin-D (25-OH-D_3), auch Calcidiol genannt, im Blutserum. Der Optimalwert liegt zwischen 75 und 125 nmol/l (bzw. zwischen 30 und 50 ng/ml).[30/31] Um auf diese Werte zu kommen, benötigt man eine tägliche Zufuhr von mindestens 1500–2000 Internationalen Einheiten (I. E.).[32] Da eine Vitamin-D-Überversorgung negative Folgen haben kann, sollten langfristig nicht mehr als 4000 I. E. täglich eingenommen werden.[33]

4. Jod

Auch Jod ist nicht nur bei veganer Ernährung, sondern generell in der Bevölkerung ein kritischer Nährstoff.[34] Jodmangel zählt weltweit zu den größten Gesundheitsproblemen, vor allem für Schwangere und Kleinkinder.[35] Etwa 30 % der Erwachsenen und 44 % der Kinder und Jugendlichen weisen eine Jodzufuhr unterhalb des Bedarfs auf und besitzen damit ein erhöhtes Risiko für eine Jodunterversorgung.[36] Jod ist für die Schilddrüsenfunktion entscheidend, da es essenziell für die Bildung von Schilddrüsenhormonen ist. Diese Hormone sind wichtig für Gewebewachstum, Zelldifferenzierung und Zellteilung sowie für die Entwicklung von Knochen und Gehirn. Außerdem regulieren sie den Stoffwechsel.[37]

Deutschland ist aufgrund des mangelnden Jods im Boden ein Jodmangelland. Da dies in der Bevölkerung Auswirkungen wie beispielsweise Schilddrüsenvergrößerungen zur Folge hatte, wurde 1959 jodiertes Speisesalz eingeführt. Jodsalz enthält pro Gramm durchschnittlich 20 µg Jod. Die WHO empfiehlt jedoch, weniger als 5 g Salz pro Tag zu sich zu nehmen, so kommt man damit gerade einmal auf 100 µg Jod pro Tag, was unterhalb der empfohlenen Gesamtzufuhr von 200 µg liegt.[38] Eine optimale Jodzufuhr kann man folgendermaßen erreichen:

1. Möglichkeit Jodzufuhr:

Ein Weg der Jodzufuhr, den ich aufgrund der Einfachheit und Genauigkeit auch vorranging empfehle, ist die Supplementierung von 150–200 µg Kaliumiodid oder Kaliumiodat. Jodsalz muss dann nicht in der Küche verwendet werden, schadet aber auch nicht. Denn selbst zusammen mit 5 g Jodsalz liegt man immer noch weit unter der tolerierbaren Gesamtzufuhrmenge von 600 µg.[39]

Falls bereits eine Störung der Schilddrüsenfunktion vorliegt oder vermutet wird, empfiehlt es sich, eine Supplementation vorab mit dem behandelnden Arzt zu besprechen.

2. Möglichkeit Jodzufuhr:
Eine andere Möglichkeit ist die tägliche Aufnahme von 1 g Noriflocken. Sie sollten bei einem ausgewiesenen Jodgehalt von etwa 15 mg pro 100 g liegen. 1 g dieser Flocken entspricht umgerechnet etwa 150 µg Jod.[40] Zusätzlich kann noch Jodsalz verwendet werden. Algen haben jedoch große Schwankungen im Jodgehalt und dieser ist je nach Hersteller unterschiedlich. Deshalb sollte vorab der Jodgehalt der Algen geprüft werden. Es sind zudem nur Algen mit gekennzeichnetem Jodgehalt zu empfehlen, um eine Störung der Schilddrüsenfunktion zu vermeiden.[41] Die Jodversorgung kann über die Jodausscheidung im Urin beurteilt werden. Bei Erwachsenen und Kindern über 6 Jahren liegt der optimale Wert bei 100–199 µg/l.[42]

5. Selen

Wie bei Jod sind auch die Selenkonzentrationen in Deutschland im Boden sehr niedrig, was dazu führt, dass zu geringe Selenmengen in heimischen pflanzlichen Lebensmitteln vorkommen.[43] In der EU darf Tierfutter mit Selen angereichert werden, um den Selengehalt in tierischen Produkten wie Fleisch und Eiern zu erhöhen, die in Deutschland zur Selenversorgung des Menschen beitragen.[44] Hier erfolgt, wie auch bei einigen anderen essenziellen Nährstoffen, die Ergänzung über den Umweg des Tieres. Vegan lebende Menschen müssen daher darauf achten, ihren Selenbedarf zu decken, denn Selen ist ein wichtiger Bestandteil von Enzymen, die antioxidative Funktionen im Körper übernehmen. Diese schützen die Zellen vor Schäden durch freie Radikale und unterstützen das Immunsystem. Zudem ist Selen entscheidend für die Schilddrüsenfunktion und die Fruchtbarkeit des Mannes.[45] Der Tagesbedarf an Selen liegt bei 70 µg bei Männern und 60 µg bei Frauen. Paranüsse gehören zu den selenreichsten pflanzlichen Lebensmitteln. Um den Tagesbedarf an Selen zu decken, können bereits zwei Paranüsse ausreichen.[46] Allerdings gibt es bei Paranüssen sehr hohe Schwankungen im Selengehalt, der je nach Herkunftsland und dem Gehalt des Bodens von 1,25–512 µg/g reicht.[47] Laut Bundesamt für Strahlenschutz sollten aufgrund von radioaktiven Belastungen täglich nicht mehr als zwei Paranüsse verzehrt werden.[48] Bei dieser Menge gibt es keine negativen Effekte auf die Gesundheit.

Mittlerweile gibt es auch Salz, das mit Selen angereichert ist. Dieses liefert 5,5 µg Selen pro Gramm Salz, was bei einer empfohlenen Maximalzufuhr von 5 g Salz pro Tag 27,5 µg Selen entspricht. Der tägliche Selenbedarf kann theoretisch also durch eine Paranuss und 5 g mit Selen angereichertes Salz gedeckt werden. Wer Paranüsse als Selenquelle nutzt, sollte aufgrund der großen Schwankungen regelmäßig seine Plasma-Selenkonzentration messen lassen, um zu überprüfen, ob eventuell eine Über- oder Unterversorgung vorliegt. Eine ideale Plasma-Selenkonzentration liegt zwischen 110 und 130 µg/l.[49] Diese Werte wurden in einer Studie mit einer Zufuhr von 1 µg Selen pro Kilogramm Körpergewicht erreicht.[50] Für eine genaue Sicherstellung der Selenversorgung empfiehlt sich die Einnahme eines Nahrungsergänzungsmittels mit einer Dosierung von 1 µg Selen pro kg Körpergewicht.

6. Zink

Zink spielt eine wichtige Rolle bei der Immunfunktion, Wundheilung, Fortpflanzung und vielen weiteren Stoffwechselvorgängen.[51] Die aufgenommene Zinkmenge ist bei einer veganen Ernährung erst einmal nicht kritisch. Jedoch enthalten zinkreiche Lebensmittel wie Vollkorngetreide, Hülsenfrüchte sowie Nüsse und Ölsaaten auch größere Mengen Phytat. Phytat verringert die Absorption, indem es Zink im Magen-Darm-Trakt bindet. So kann es nicht mehr so gut vom Körper aufgenommen werden. Um die Bioverfügbarkeit von Zink zu erhöhen, gibt es Zubereitungsmethoden wie das

Einweichen, die Keimung oder Sauerteiggärung. Mit diesen Methoden kann Phytat abgebaut und die Bioverfügbarkeit von Zink erhöht werden. Zudem erhöht die gleichzeitige Zufuhr von organischen Säuren wie Zitronensäure (z. B. in Äpfeln, Birnen, Sauerkirschen, Himbeeren, Brombeeren, Johannisbeeren) die Zinkabsorption.[52] Die empfohlene Tageszufuhr bei einer Ernährung mit einer hohen Phytatzufuhr liegt bei 10 mg bei Frauen und 16 mg bei Männern. Mit einer ausgewogenen veganen Ernährung und gleichzeitiger Beachtung der absorptionsfördernden Maßnahmen kann man den Tagesbedarf an Zink decken. Wer auf Nummer sicher gehen möchte, kann ein Nahrungsergänzungsmittel mit bis zu 6,5 mg Zink einnehmen.[53] Die Versorgung mit Zink lässt sich im Labor nur schwer messen, da sich im menschlichen Körper nur etwa 1 % des Zinks im Blut befindet.[54] Wer seinen Status dennoch überprüfen möchte, sollte Zink im Vollblut testen lassen. Der Referenzbereich liegt zwischen 65 und 125 µmol/l.[55]

7. Eisen

Eisen ist ein weiterer wichtiger Nährstoff, der unter anderem für die Sauerstoffversorgung des Körpers unerlässlich ist.[56] In Deutschland erreichen 75 % der Frauen im gebärfähigen Alter nicht die empfohlene Eisenzufuhr.[57] Aufgrund der zusätzlichen Blutverluste während der Menstruation haben Frauen im gebärfähigen Alter ein erhöhtes Risiko für eine Unterversorgung. Vegan lebende Menschen sind nicht häufiger von einem Eisenmangel betroffen als Personen, die sich mit Mischkost ernähren.[58]

Eisen in Fleisch und Fisch liegt zum großen Teil als sogenanntes Häm-Eisen vor mit einer Absorptionsrate von 10–20 %. In Pflanzen liegt Nicht-Häm-Eisen vor, welches eine niedrigere Absorptionsrate von 1–5 % hat.[59] Um die Eisenaufnahme aus pflanzlichen Quellen, wie Hülsenfrüchten, Nüssen, Samen und Vollkorngetreide, zu verbessern, sollte man bei einer veganen Ernährung gleichzeitig absorptionsfördernde Lebensmittel, die reich an Vitamin C (z. B. rote Paprikaschoten) sind, verzehren. Dagegen sollten Tee und Kaffee aufgrund ihres hohen Gehalts an Polyphenolen und Phytaten nicht direkt vor, während und nach eisenreichen Mahlzeiten getrunken werden.[60] Schwarzer Tee, grüner Tee, Kaffee und Kakao sollten erst wieder 1 Stunde nach der Mahlzeit konsumiert werden.[61]

Eine vegane Ernährung, die reich an Vollkornprodukten, Hülsenfrüchten, Nüssen, Samen, Trockenfrüchten, Vollkorngetreide und grünem Blattgemüse ist, sorgt für eine ausreichende Eisenaufnahme.[62] Zudem hat der menschliche Körper die Fähigkeit, die Eisenabsorption zu regulieren. Menschen mit geringen Eisenspeichern oder einem höheren physiologischen Bedarf an Eisen nehmen tendenziell mehr Eisen auf und scheiden weniger aus.[63] Der Körper kann die Resorptionsrate von Eisen um das Zwei- bis Dreifache steigern.[64]

Zur Bestimmung des Eisenstatus kann man den Serum-Ferritinwert und die Hämoglobinkonzentration bestimmen lassen. Bei einem erniedrigten Ferritinwert und gleichzeitig erniedrigter Hämoglobinkonzentration ist ein Eisenmangel praktisch sicher.[65] Optimalwerte für Serum-Ferritin liegen bei Frauen zwischen 15 und 100 ng/ml und bei Männern zwischen 30 und 100 ng/ml.[66] Beim Hämoglobin sollten die Werte bei Frauen über 12 g/dl und bei Männern über 13 g/dl liegen.[67] Eine Supplementierung ist nur bei zu niedrigem Referenzwert in Absprache mit einem Arzt notwendig. Möchte man trotzdem vorsorglich Eisen supplementieren, sollte die Menge an Eisen im Nahrungsergänzungsmittel nicht mehr als 6 mg betragen.[68]

8. Calcium

Calcium ist für die Gesundheit von Knochen und Zähnen, Blutgerinnung, Muskelkontraktion und die Signalübertragung im Nervensystem von entscheidender Bedeutung.[69/70] In der veganen Ernährung wird die Aufnahme von ausreichend

Calcium oft als Herausforderung betrachtet, da Milchprodukte als traditionelle Calciumquelle ausgeschlossen sind. Doch auch ganz generell wird in der Bevölkerung die empfohlene Zufuhrmenge von 1000 mg Calcium pro Tag von 46 % der Männer und 55 % der Frauen nicht erreicht.[71]

Bei pflanzlichen Calciumquellen kommt dazu, dass einige pflanzliche Lebensmittel wie Spinat, die eigentlich große Mengen an Calcium liefern, auch Oxalate enthalten, welche die Calciumabsorption verringern. Eine ausreichende Calciumversorgung ist mit einer gut zusammengestellten veganen Ernährung dennoch möglich.

Gute vegane Calciumquellen sind angereicherte pflanzliche Milchalternativen (z. B. Mandel-, Soja- oder Hafermilch), oxalatarmes grünes Blattgemüse (insbesondere Grünkohl, Rucola und Pak Choi), Tofu, Sesamsamen und calciumreiches Mineralwasser (> 400 mg/l).

Eine gute Vitamin-D-Versorgung ist ebenfalls wichtig, da die Calciumaufnahme durch Vitamin D gefördert wird. Ebenso ist dies bedeutend für den Einbau von Calcium in den Knochen und die Regulation des Calciumstoffwechsels.[72]

Da die Calciumkonzentration im Blut relativ unabhängig von der Ernährung ist und durch die großen Calciumspeicher im Knochen konstant gehalten wird, ist sie nicht aussagekräftig, um den Nährstoffstatus zu prüfen. Lediglich durch Messung der Knochenmineraldichte sowie Parameter des Knochenstoffwechsels kann man indirekt auf die Calciumversorgung Rückschlüsse ziehen.[73]

9. Vitamin B_2 (Riboflavin)

Riboflavin, auch als Vitamin B_2 bekannt, spielt eine wesentliche Rolle im Stoffwechsel des Körpers und ist unter anderem für die Zellfunktion, das Wachstum und die Entwicklung unerlässlich.[74] In einer veganen Ernährung ist es wichtig, dass der Bedarf an Riboflavin sicher gedeckt ist, da einige traditionelle Quellen dieses Vitamins, beispielsweise Milchprodukte oder Innereien wie Leber und Nieren, nicht verzehrt werden. Dennoch ist Vitamin B_2 auch in einigen pflanzlichen Lebensmitteln enthalten. Bei einer gut zusammengestellten und ausgewogenen veganen Ernährung kann der tägliche Vitamin-B_2-Bedarf von 1,4 mg bei Männern und 1,1 mg bei Frauen problemlos gedeckt werden.

Vegane Quellen für Riboflavin sind vielfältig. Es ist unter anderem in Hefeflocken, Mandeln, Champignons, Hülsenfrüchten, Nüssen, Samen, grünem Blattgemüse und Vollkorngetreide reichlich vorhanden. Auch pflanzliche Milchalternativen, die mit Riboflavin angereichert sind, können zur Bedarfsdeckung beitragen. Die Einbeziehung einer breiten Palette dieser Lebensmittel in die Ernährung stellt sicher, dass der Riboflavinbedarf gedeckt ist.

Die Versorgung mit Vitamin B_2 kann durch die Aktivität des EGRAC (Erythrozyten-Glutathionreduktase-Aktivierungskoeffizient) bestimmt werden. Ein EGRAC-Wert von 1,2 oder weniger weist auf einen ausreichenden Riboflavinstatus hin, bei Werten

von 1,2 bis 1,4 beginnt ein marginaler Mangel und ein Wert über 1,4 ist ein Hinweis auf einen Riboflavinmangel.[75]

10. Protein

Protein ist ein essenzieller Nährstoff, der für den Aufbau und die Reparatur von Geweben, die Bildung von Enzymen und Hormonen sowie für zahlreiche andere Körperfunktionen von entscheidender Bedeutung ist.[76]

Es ist ein weitverbreitetes Klischee, dass Veganer schwächlich sind und keine sportlichen Höchstleistungen erbringen können. Muskeln werden mit viel Protein und Protein wiederum oft ausschließlich mit Fleisch verbunden.

Dabei gibt es viele Spitzensportler, wie Lewis Hamilton (mehrfacher Formel-1-Weltmeister), Novak Djokovic (Nummer eins der Tennis-Weltrangliste), Patrik Baboumian (ehemals stärkster Mann Deutschlands), Venus Williams (fünffache Wimbledon-Gewinnerin, vierfache Goldmedaillen-Gewinnerin), Dirk Nowitzki (NBA-Champion) und viele mehr, die sich vegan ernähren und offensichtlich keinen Nachteil dadurch erleiden. Ein Proteinmangel kommt in Industrieländern sehr selten vor – unabhängig von der Ernährungsweise. Werden genügend Kalorien aufgenommen und wird auf eine einigermaßen abwechslungsreiche Ernährung geachtet, besteht keine Gefahr eines Mangels.[77]

Die tägliche Zufuhrempfehlung für Protein liegt bei 0,8 g/kg Körpergewicht.[78] Einige Wissenschaftler empfehlen, die tägliche Zufuhr bei Veganern und Vegetariern auf 1,0 g/kg Körpergewicht wegen der etwas geringeren Proteinverdaulichkeit zu erhöhen.[79] Es kommt allerdings nicht unbedingt auf die Menge an Protein an, sondern auf die Menge an unentbehrlichen Aminosäuren, die insgesamt aufgenommen und kombiniert werden. Je mehr verschiedene Proteinquellen über einen Tag kombiniert werden, desto geringer kann die Proteinmenge insgesamt sein.

Kraft- und Ausdauersportler können von einer höheren Proteinzufuhr profitieren. Abhängig vom Trainingszustand und Trainingsziel liegen die Empfehlungen bei täglich ca. 1,2–2,0 g/kg Körpergewicht.[80] Bei gewünschter Gewichtsabnahme (Fettreduktion) kann eine kurzfristige Steigerung der Proteinzufuhr (bei gleichzeitiger Kalorienreduktion) den Verlust an Muskelmasse gering halten.[81]

Gute pflanzliche Proteinquellen sind vor allem Hülsenfrüchte und aus ihnen hergestellte Lebensmittel wie beispielsweise Tofu, Tempeh, Nudeln aus Hülsenfrüchten oder Sojagranulat und dergleichen. Auch Vollkornprodukte sowie Nüsse und Samen tragen einen relevanten Teil zur täglichen Proteinversorgung bei.

Gibt es einen Unterschied zwischen Proteinen aus pflanzlichen und tierischen Lebensmitteln?

Pflanzliche und tierische Proteine unterscheiden sich in der Aminosäurenzusammensetzung und Bioverfügbarkeit der Aminosäuren.[82] Aminosäuren sind die Bausteine, aus denen sich Proteine zusammensetzen. Es gibt sogenannte unentbehrliche Aminosäuren, die in ausreichender Menge über die Nahrung zugeführt werden müssen, da der Körper sie nicht selbst herstellen kann. Dazu gehören Isoleucin, Leucin, Lysin, Methionin, Phenylalanin, Threonin, Tryptophan, Valin und Histidin.

Wie effektiv der Körper Nahrungsprotein verwerten und in körpereigenes Protein umwandeln kann, gibt die biologische Wertigkeit an. Bei dieser spielt der Gehalt an unentbehrlichen Aminosäuren eine wichtige Rolle. Als Referenz dient das Hühnerei, dessen biologische Wertigkeit als 100 oder 1 (100 %) definiert wurde.[83] Durch Kombination von verschiedenen Lebensmitteln kann das Aminosäurenprofil ergänzt und eine biologische Wertigkeit von über 100 erreicht werden.

Tierische Lebensmittel enthalten meist alle unentbehrlichen Aminosäuren in ausreichender Menge. Das ist recht logisch, da das tierische Muskelfleisch den menschlichen Muskeln ähnelt. In pflanzlichen Lebensmitteln sind dagegen nicht immer alle Aminosäuren in ausreichender Menge enthalten. Die biologische Wertigkeit von pflanzlichen Lebensmitteln kann aber, wie schon erwähnt, durch die Kombination verschiedener Proteinquellen aufgewertet werden. Die Kombination von beispielsweise Getreide (enthält viel Methionin) und Hülsenfrüchten (enthält viel Lysin) erhöht die biologische Wertigkeit pflanzlicher Mahlzeiten. Pflanzliche Proteinlieferanten werten sich gegenseitig auf und steigern die biologische Wertigkeit auf vergleichbare Höhe, wie sie bei tierischen Lebensmitteln vorliegt. Die Kombination muss nicht innerhalb einer Mahlzeit stattfinden, sie werten sich auch im Laufe des Tages auf.[84] Isst man regelmäßig Vollkornprodukte und Hülsenfrüchte, stellt die Proteinversorgung kein Problem dar. Sojaprotein gilt im Gegensatz zu dem aus anderen pflanzlichen Quellen als vollständiges Protein, das alle neun unentbehrlichen Aminosäuren in ausreichender Menge enthält.[85]

Vor allem zu viel rotes und verarbeitetes Fleisch erhöht das Risiko, an Krebs, chronischen kardiovaskulären Erkrankungen (z. B. Herzinfarkt) und Diabetes mellitus Typ 2 zu erkranken.[86] Deshalb hat die World Health Organization (WHO) rotes Fleisch als wahrscheinlich krebserregend und verarbeitetes Fleisch (z. B. Schinken, Salami, Bacon, Wurst) als krebserregend für den Menschen eingestuft. Verarbeitetes Fleisch wurde 2015 neben Tabakrauchen und Asbest in die Gruppe 1 der krebserregenden Stoffe aufgenommen.[87] Das bedeutet nicht, dass verarbeitetes Fleisch genauso krebserregend wie Tabak und Asbest ist. Es bedeutet, dass es klare und überzeugende Studien gibt, die darauf hindeuten, dass verarbeitetes Fleisch Krebs verursacht. Eine Meta-Analyse von Daten aus zehn Studien ergab, dass jede 50-Gramm-Portion verarbeitetes Fleisch, die täglich verzehrt wird, das relative Darmkrebsrisiko um etwa 18 % erhöht. Daten aus denselben Studien deuten darauf hin, dass das relative Darmkrebsrisiko durch jede 100-Gramm-Portion rotes Fleisch, die täglich verzehrt wird, um 17 % steigen könnte.[88]

Ersetzt man tierisches durch pflanzliches Protein, verringern sich die allgemeine Sterblichkeit sowie das Risiko kardiovaskulärer Erkrankungen und Mortalität.[89/90/91] Ersetzt man nur 3 % der Kalorien aus rotem Fleisch durch die gleiche Menge pflanzliches Protein, sinkt das Risiko, an einer kardiovaskulären Erkrankung zu sterben, um 42 %.[92] Zudem reduziert der Ersatz von tierischem durch pflanzliches Protein das Risiko, an Krebs zu sterben.[93] Eine höhere Zufuhr von pflanzlichem Protein ist im Gegensatz zu der von tierischem Protein tendenziell mit einem geringeren Risiko verbunden, an Diabetes mellitus Typ 2 zu erkranken und zu sterben.[94]

Meine Tipps für mehr pflanzliches Protein:

1. Bei Nudelgerichten ersetze ich einen Teil der hellen oder Vollkornnudeln durch Nudeln aus Hülsenfrüchten wie beispielsweise Linsennudeln.

2. Beim Brot greife ich auch mal gerne zu Eiweißbrot.

3. Ein Teil der Haferflocken im Porridge oder anderen Rezepten kann durch Mandelmehl ersetzt werden, welches einen höheren Proteinanteil hat.

4. Ich integriere Rezepte mit Tofu, Tempeh, Soja-/Erbsenschnetzel oder Sojagranulat in meine Ernährung.

5. Ich trinke nach dem Sport gerne einen veganen Eiweißshake mit Eiswürfeln – schmeckt lecker und bringt zusätzliche Proteine.

NÄHRSTOFF	BESTE PFLANZLICHE QUELLEN	SUPPLEMENTIERUNG NOTWENDIG/ EMPFOHLEN?	DOSIERUNG
Vitamin B_{12}	angereicherte Lebensmittel wie Pflanzendrinks	notwendig bei veganer Ernährung und empfohlen bei vegetarischer Ernährung	1 × 50–100 µg/Tag oder 2 × 5–10 µg/Tag
Omega-3-Fettsäuren	ALA: Lein-, Chia-, Hanfsamen, Walnusskerne und deren Öle EPA/DHA: Mikroalgenöl	empfohlen, wenn kein Fisch gegessen wird	250–500 mg EPA/DHA täglich
Vitamin D	angereicherte Lebensmittel wie Pflanzendrinks	empfohlen von Oktober bis März	2000 I. E.
Jod	Jodsalz, Algen	notwendig, wenn keine Algen gegessen und/oder Jodsalz verwendet wird	150–200 µg
Selen	Paranüsse, Steinpilze, angereichertes Salz	notwendig, wenn keine Paranüsse gegessen werden	1 µg/kg Körpergewicht
Zink	Kürbiskerne, Leinsamen, Haferflocken, Weizenvollkornmehl, Linsen	i. d. R. nicht notwendig, außer es ist keine vollwertige Ernährung möglich; kann als „Versicherung" niedrig dosiert supplementiert werden	6,5 mg in Multinährstoff
Eisen	Linsen, Kichererbsen, Kürbiskerne, Leinsamen, Quinoa, Haferflocken		6 mg in Multinährstoff oder höhere Dosierung, falls ärztlich empfohlen
Calcium	calciumreiches Mineralwasser, angereicherte Pflanzendrinks, Grünkohl, Pak Choi, Mandeln, Tofu		bis zu 500 mg
Vitamin B_2	Hefeflocken, Champignons, Steinpilze, Mandeln, Kürbiskerne, Erbsen		1,4 mg
Protein	Hülsenfrüchte sowie daraus hergestellte Produkte wie Tofu, Tempeh, Nudeln aus Hülsenfrüchten, Sojagranulat	Kann für Sportler und bei Gewichtsabnahme sinnvoll sein	30–50 g veganes Mehrkomponenten-Proteinpulver

Eingeschränkt potenziell kritische Nährstoffe

Vitamin A

Vitamin A ist unter anderem wichtig für die Gesundheit von Augen, Immun- und Fortpflanzungssystem.[95] Es gibt zwei Wege, um den Vitamin-A-Bedarf zu decken:[96]

1. Vitamin A (Retinol) aus tierischen Quellen wie beispielsweise Leber, Fischöl, Eiern und Milchprodukten

2. Provitamin A (Carotinoide, wie Beta-Carotin) aus pflanzlichen Lebensmitteln wie Karotten, Süßkartoffeln, Spinat, Kürbis und anderen orangefarbenen und grünen Gemüsesorten

Vitamin A wird normalerweise nicht als kritischer Nährstoffe in der veganen Ernährung angesehen, da eine ausreichende Aufnahme aus pflanzlichen Quellen problemlos möglich ist. Beta-Carotin und andere Carotinoide können im Körper in Vitamin A umgewandelt werden. Die Umwandlung kann jedoch bei einigen Menschen aufgrund von Genmutationen ineffizient sein.[97]

Um die Vitamin-A-Zufuhr in einer veganen Ernährung sicherzustellen, ist es ratsam, eine Vielzahl von Obst und Gemüse zu sich zu nehmen, insbesondere solche mit hohem Beta-Carotin-Gehalt. Bei Erwachsenen beträgt der Bedarf 850 µg RAE (Retinolaktivitätsäquivalent) für Männer und 700 µg RAE für Frauen. 1 µg Retinolaktivitätsäquivalent entspricht dabei 1 µg Retinol (aus tierischen Lebensmitteln), 12 µg Beta-Carotin (aus pflanzlichen Lebensmitteln) und 24 µg anderen Provitamin-A-Carotinoiden.[98]

Lebensmittel mit viel Beta-Carotin wie Karotten, Süßkartoffeln, Grünkohl, Spinat, Kürbis, Honigmelone, Feldsalat, Aprikosen oder Mango sollten täglich auf dem Speiseplan stehen. Um die Bioverfügbarkeit zu erhöhen, sollten diese Lebensmittel mit fettreicher Nahrung kombiniert werden.[99] Zusätzlich empfiehlt sich, die Lebensmittel zu zerkleinern (raspeln, schneiden, pürieren) und zu garen, damit die zelluläre Matrix aufgeschlossen wird und das Beta-Carotin besser vom Körper aufgenommen werden kann.[100]

Wer auf Nummer sicher gehen möchte, kann bei Bedarf niedrig dosierte Nahrungsergänzungsmittel mit bereits umgewandeltem veganem Vitamin A verwenden. Es ist jedoch wichtig, nicht zu viel Vitamin A aus Nahrungsergänzungsmitteln einzunehmen, da zu hohe Mengen toxisch sind. Es sollten Nahrungsergänzungsmittel mit bis zu 750 µg Retinoläquivalent in Form von Retinylacetat oder Retinylpalmitat gewählt werden.[101] Bluttests zur Bestimmung der Vitamin-A-Versorgung sind leider nicht sehr aussagekräftig.

Cholin

Cholin wird in der veganen Ernährung (aber auch bei Mischkost) oft übersehen und ebenfalls nicht als klassischer kritischer Nährstoff betrachtet. Gehirn und Nervensystem benötigen Cholin zur Regulierung von Gedächtnis, Stimmung, Muskelkontrolle und anderen Funktionen. Es wird auch benötigt, um die Membranen zu bilden, die die Zellen im Körper umgeben. Eine kleine Menge Cholin kann in der Leber vom Körper selbst gebildet werden, doch der Großteil des im Organismus vorhandenen Cholins stammt aus der aufgenommenen Nahrung.[102]

Die Deutsche Gesellschaft für Ernährung (DGE) hat keine spezifischen Empfehlungen für Cholin veröffentlicht. Die EFSA (European Food Safety Authority) und die US-amerikanische National Academy of Medicine (NAM) haben geschätzte Richtwerte als Empfehlung. Für Männer liegt der geschätzte Tagesbedarf bei 550 mg und für Frauen bei 425 mg.[103]

Cholin kommt in größeren Mengen hauptsächlich in tierischen Produkten vor. Einige pflanzliche Lebensmittel enthalten ebenfalls Cholin, aber nur in geringem Maße. Zu den besten pflanzlichen Cholinquellen gehören Leinsamen (79 mg/100 g), Pistazien (71 mg/100 g) Sojabohnen (65 mg/100 g), Mandeln (52 mg/100 g), Rosenkohl (41 mg/100 g), Brokkoli (40 mg/100 g), Blumenkohl (39 mg/100 g) und Tofu (28 mg/100 g).[104]

Insgesamt ist der genaue Bedarf an Cholin noch nicht ausreichend erforscht. Man weiß aber, dass die kleine Menge Cholin, die der Körper selbst bilden kann, kaum ausreicht, um den Bedarf zu decken. Deswegen ist es wichtig, cholinreiche Lebensmittel täglich in den veganen Speiseplan einzubeziehen. Bei Unsicherheiten kann gegebenenfalls eine Supplementation von 100–200 mg Cholin in Erwägung gezogen werden.

Meine Nahrungergänzungsmittel

Ich mag es im Alltag unkompliziert. Deshalb nehme ich täglich zwei Nahrungsergänzungsmittel. Zunächst einen Multinährstoff, der über alle kritischen Vitamine und Mineralstoffe in guter Dosierung nach der aktuellen wissenschaftlichen Studienlage verfügt. Des Weiteren Omega-3-Kapseln mit Mikroalgenöl, das EPA und DHA enthält.

Obwohl dies keineswegs eine allgemeingültige Voraussetzung für vegane Ernährung ist, halte ich es für eine gute Vorsorge und Investition in meine Gesundheit. Ich fühle mich damit gut und bin überzeugt, dass ich auch dann ausreichend versorgt bin, wenn ich einmal nicht so ausgewogen essen kann. So kann ich maximal von den gesundheitsfördernden Aspekten der veganen Ernährung profitieren.

Unnatürlichkeit – Argument gegen vegane Ernährung?

Eine Ernährung, bei der man Nahrungsergänzungsmittel zu sich nehmen muss, kann doch nicht gesund sein, oder? Schließlich ist es unnatürlich. So hört und liest man es zumindest immer wieder in den Medien oder im Netz. Was bei solchem Denken vorliegt, ist der sogenannte naturalistische Fehlschluss. Die meisten Menschen setzen das Wort „natürlich“ mit „gut“ gleich. Sie nehmen automatisch an: natürlich = gut und unnatürlich = schlecht. Dabei ist nicht alles gut, was natürlich ist, und nicht alles schlecht, was unnatürlich ist.

Was ist denn überhaupt natürlich? Natürlich ist alles, was in der Natur vorkommt, ohne dass der Mensch es verändert hat. Demnach sind zum Beispiel Autos, Tische, Schuhe, Handys und WLAN unnatürlich. Diese Sachen sind deswegen nicht schlecht, sondern in unserer heutigen Welt essenziell. Medikamente sind auch unnatürlich, sie werden „chemisch“ hergestellt. Wir sind aber in vielen Situationen trotzdem froh, dass sie uns bei Krankheiten helfen. Keiner, der sich vor Schmerzen krümmt, verweigert ein Schmerzmittel, nur weil es „unnatürlich“ ist. Viren sind natürlich. Menschen können trotzdem an ihnen sterben. Sie können sogar ganze Nationen lahmlegen.

Was klar geworden sein sollte: Das Wort „natürlich“ ist erst mal neutral zu bewerten. Man sollte sich nicht fragen, ob etwas natürlich oder unnatürlich (bzw. künstlich hergestellt) ist, sondern vielmehr: Was ist nützlich? Was ist gesund und was ist ungesund? Dem Körper ist die Frage der Natürlichkeit vollkommen egal, Hauptsache, er bekommt, was er braucht.

Viele Menschen haben auch Bedenken, wenn etwas synthetisch beziehungsweise chemisch hergestellt wird. Bevor ich weiter darauf eingehe, zunächst eine Frage: Welches Lebensmittel versteckt sich hinter dieser Liste an Inhaltsstoffen?

Zutaten: Wasser (75 %), **Zucker** (12 %) (Glucose (48 %), Fructose (40 %), Saccharose (2 %), Maltose (< 1 %)), Stärke (5 %), Cellulose E 460 (3 %), **Aminosäuren** (< 1 %) (Glutaminsäure (19 %), Asparaginsäure (16 %), Histidin (11 %), Leucin (7 %), Lysin (5 %), Phenylalanin (4 %), Arginin (4 %), Valin (4 %),

Alanin (4 %), Serin (4 %), Glycin (3 %), Threonin (3 %), Isoleucin (3 %), Prolin (3 %), Tryptophan (1 %), Cystin (1 %), Tyrosin (1 %), Methionin (1 %)), **Fettsäuren** (< 1 %) (Palmitinsäure (30 %), Omega-6-Fettsäuren: Linolsäure (14 %), Omega-3-Fettsäuren: Alpha-Linolensäure (8 %), Ölsäure (7 %), Palmitoleinsäure (3 %), Stearinsäure (2 %), Laurinsäure (1 %), Myristinsäure (1 %), Caprinsäure (< 1 %)), ASH (< 1 %), Phytosterole, E 515, Oxalsäure, E 300, E 306 (Tocopherol), Phyllochinon, Thiamin, **Farbstoffe** (E 101 (Riboflavin), E 160a), **Geschmacksstoffe** (3-Methylbut-1-yl-Acetat, 2-Methylbutyl-Acetat, 2-Methylpropan-1OL, 3-Methylbutyl-1-OL, 2-Hydroxy-3-Methyl-Butyrat, 3-Methylbutanal, Ethyl-Hexonat, Ethyl-Butyrate, Pentylacetat), 1510, natürliches Reifungsmittel (Ethangas)

Es handelt sich hierbei nicht um ein stark verarbeitetes Lebensmittel, sondern um eine normale natürliche Banane.

Unser Planet und alles andere darauf besteht aus kleinsten Teilchen und alles in unserem Körper läuft in biochemischen Prozessen ab. Auch die Lebensmittel, die wir täglich zu uns nehmen, bestehen aus einer Vielzahl chemischer Verbindungen. Eine Ernährungsweise danach zu beurteilen, ob Nahrungsergänzungsmittel genommen werden, ist folglich nicht sinnvoll.

Warum Nahrungsergänzung so wichtig ist

Die Lebensmittelproduktion ist auf eine Mischkost-Ernährung ausgelegt. So wird beispielsweise Futtermittel mit Selen und teilweise mit Vitamin B_{12} angereichert, um tierische Lebensmittel zu einer konstanten Nährstoffquelle zu machen. Das bedeutet, man nimmt auch mit Mischkost Nahrungsergänzungsmittel – wenn auch über einen Umweg – zu sich.

Bis die Lebensmittelproduktion auch umfassend die vegane Lebensweise berücksichtig und kritische Nährstoffe ebenfalls über den Umweg eines Lebensmittels aufgenommen werden können, bleiben Nahrungsergänzungsmittel eine sichere und günstige Methode, um mit allen Nährstoffen gut versorgt zu sein.

VEGANE ERNÄHRUNG PRAKTISCH UMSETZEN

Auf einzelne Nährstoffe sind wir nun eingegangen. Doch wir gehen ja nicht in den Supermarkt, um Nährstoffe zu kaufen, sondern Lebensmittel. Deswegen zoomen wir jetzt einmal raus und betrachten das große Gesamtbild. In diesem Kapitel geht es darum, eine einfache und gesunde Ernährung im Alltag umzusetzen.

Die vegane Lebensmittelpyramide ist ein hilfreiches Werkzeug zur Gestaltung einer ausgewogenen und gesunden veganen Ernährung. Sie bietet klare Richtlinien dazu, wie unterschiedliche Lebensmittelgruppen in die tägliche Ernährung integriert werden sollten, damit alle notwendigen Nährstoffe aufgenommen werden und das Risiko für ernährungsbedingte Krankheiten gesenkt werden kann.

Die Menge an verschiedenen Lebensmitteln, die man tatsächlich zu sich nimmt, hängt natürlich vom Kalorienbedarf ab. Außerdem ist der Nährstoffbedarf von Person zu Person unterschiedlich und auch externe Einflüsse wie Anbauort, Anbaubedingungen, Lagerung und Zubereitung haben einen Einfluss auf den Nährstoffgehalt eines Lebensmittels. Deshalb stellen Lebensmittelpyramiden nur grobe Richtlinien dar, mit welchen Lebensmitteln man durchschnittlich den Bedarf an Nährstoffen decken kann. Es ist weniger wichtig, sich strikt an die Pyramide zu halten, als langfristig ein Verständnis dafür zu gewinnen, mit welchen Lebensmitteln man seinen Nährstoffbedarf decken kann.

„Meine" vegane Lebensmittelpyramide habe ich auf Basis der Gießener veganen Lebensmittelpyramide erstellt und sie ist - bis auf ein paar Veränderungen - mit dieser identisch. Ich empfehle nämlich statt nur einer Portion Hülsenfrüchte bis zu drei Portionen, da diese viele Mineralstoffe wie Eisen und Zink sowie viele B-Vitamine enthalten. Außerdem liefern sie im Durchschnitt sogar mehr kritische Nährstoffe als Vollkorngetreide und haben ein besseres Aminosäureprofil. Deswegen bekommen Hülsenfrüchte denselben Stellenwert wie Vollkorngetreide.

Lebensmittel ganz unten in der Pyramide bilden die Basis und sind ernährungsphysiologisch besonders wertvoll. Lebensmittel an der Spitze sind weniger wertvoll für die Ernährung und sollten nur in Maßen gegessen werden. So ergeben sich aus der aktuellen wissenschaftlichen Datenlage folgende Empfehlungen:

SUPER HILFE!

ICH HABE MIR DIE PYRAMIDE AN MEINEM KÜHLSCHRANK GEHÄNGT, DAMIT ICH IMMER EINEN ÜBERBLICK HABE!

mind. 30 Minuten Bewegung im Freien für **Vitamin-D-Synthese** (Vitamin-D-Supplementierung zwischen Oktober und März)

(Vegane) Snacks, Süßigkeiten, Alkohol
falls gewünscht, in Maßen

Pflanzliche Fette und Öle
Täglich 2–3 EL, davon 1 EL mit DHA angereichertes Leinöl, wenn kein DHA über Mikroalgenöl supplementiert wird

Milchalternativen
ein bis drei Portionen täglich, bevorzugt ungesüßt und mit Calcium angereichert; dabei entspricht eine Portion 100–200 g Soja-, Getreide-, Nuss-, Erbsendrink oder Joghurtalternative

Nüsse und Samen
ein bis zwei Portionen täglich (inklusive Nussmus), dabei entspricht eine Portion 30 g

Vollkorngetreide und Kartoffeln
drei Portionen täglich

Hülsenfrüchte und weitere Proteinquellen
ca. drei Portionen täglich

Gemüse
mind. drei Portionen täglich (mind. 400 g)

Obst
mind. zwei Portionen täglich (mind. 250 g)

Getränke ca. 1,5 l/Tag
(empfehlenswert: calciumreiches Mineralwasser > 400 mg/l)

NAHRUNGSERGÄNZUNG

notwendig:
Vitamin B_{12}, Jod-Supplement oder Meeresalgen (z. B. Nori), Selen-Supplement oder ein bis zwei Paranüsse täglich

zusätzlich:
Omega 3 (EPA & DHA), Vitamin D_3 in den Wintermonaten

Abbildung: Die Gießener vegane Lebensmittelpyramide, abgewandelt nach Weder, Schaefer, & Keller (2020)[105]

Getränke

Warum?

Empfehlenswert sind täglich mindestens 1,5 l Wasser und andere alkoholfreie und energiearme Getränke, an warmen Tagen oder bei viel körperlicher Betätigung entsprechend mehr. Für eine bessere Calciumversorgung kann calciumreiches Mineralwasser (> 400 mg/l) getrunken werden.[106]

Gemüse und Obst

Warum?

Obst und Gemüse haben eine geringe Kaloriendichte (viel Volumen, wenig Kalorien) und dafür eine hohe Nährstoffdichte. Sie enthalten gesundheitsfördernde sekundäre Pflanzenstoffe sowie Ballaststoffe und haben präventives Potenzial. Der Verzehr von Gemüse und Obst geht einher mit einem geringeren Risiko für Adipositas, Diabetes mellitus Typ 2, Bluthochdruck, koronare Herzerkrankungen, Schlaganfall, Tumoren des Verdauungstraktes und der Lunge sowie Übergewicht und osteoporosebedingte Frakturen.[107/108]

Wie viel?

Die WHO empfiehlt mindestens 400 g Obst und Gemüse am Tag, während die DGE „5 am Tag" empfiehlt. Das bedeutet, täglich mindestens fünf Portionen Gemüse und Obst zu essen (drei Portionen Gemüse und zwei Portionen Obst). Das entspricht täglich ungefähr 400 g Gemüse und etwa 250 g Obst.[109/110] Als Maß für eine Portion kann auch die eigene Hand verwendet werden. Daraus ergeben sich Mengen, die zu Alter und Körpergröße passen.[111] Diese Empfehlung der DGE deckt sich mit der Gießener veganen Ernährungspyramide.

Welches Gemüse und Obst am meisten?

Generell gilt, dass das Gemüse und Obst am besten ist, welches einem am besten schmeckt und man dadurch viel isst. Um trotzdem für ein größeres Spektrum sekundärer Pflanzenstoffe und Mikronährstoffe zu sorgen, ist eine Zusammenstellung nach dem Ampelsystem zu empfehlen: So sollten täglich grünes (enthält u. a. viel Folsäure und Magnesium), gelbes (enthält u. a. Carotinoide) und orange-rotes beziehungsweise tiefrotes (enthält u. a. Carotinoide, Polyphenole) Gemüse und Obst gegessen werden.[112]

Wenn man nach Nährstoffgehalt, antioxidativer Kraft und krebshemmender Wirkung geht, sind beim Gemüse Kreuzblütler (z. B. Brokkoli, Blumenkohl, Rucola), Zwiebelgewächse (z. B. Lauch, Zwiebel, Knoblauch) und dunkelgrünes Blattgemüse (z. B. Grünkohl, Spinat, Rucola) die Top Drei. Beim Obst sind Beeren der Spitzenreiter.[113]

Wissenswertes: sekundäre Pflanzenstoffe

Sekundäre Pflanzenstoffe kommen ausschließlich in Pflanzen vor und sind nicht für deren unmittelbares Überleben notwendig. Sie dienen den Pflanzen unter anderem bei der Abwehr von Schädlingen und Krankheiten oder als Farb-, Duft- und Geschmacksträger. Sekundäre Pflanzenstoffe wirken im menschlichen Körper in der Regel pharmakologisch.[114] Sie tragen dazu bei, das Risiko für Zivilisationserkrankungen wie Herz-Kreislauf-Leiden und Krebs zu senken. Sie wirken antioxidativ (hemmen die Bildung freier Radikale), stärken das Immunsystem, schützen vor Infektionen, hemmen die Blutgerinnung, wirken entzündungshemmend, blutdruckregulierend, cholesterinspiegelsenkend, blutzuckerregulierend und verdauungsfördernd. Die Einnahme von einzelnen sekundären Pflanzenstoffen in Form von Präparaten ist nicht zu empfehlen. Die Aufnahme sollte über Lebensmittel (z. B. Obst, Gemüse, Hülsenfrüchte, Getreide) erfolgen.[115]

Vollkornprodukte und Kartoffeln

Warum?

Vollkornprodukte liefern viele Vitamine, Mineralstoffe, Ballaststoffe und sekundäre Pflanzenstoffe. Außerdem sind sie ein guter und wichtiger Proteinlieferant. Ein erhöhter Verzehr von Vollkornprodukten und Ballaststoffen kann das Risiko von chronischen Krankheiten – zum Beispiel Herz-Kreislauf-Erkrankungen, Diabetes mellitus Typ 2, Bluthochdruck und Dickdarmkrebs – und vorzeitiger Sterblichkeit reduzieren.[116] Im Wechsel mit Vollkornprodukten können Kartoffeln gegessen werden. Diese liefern Vitamin C, B_1, Niacin und Eisen.[117]

Wie viel?

Drei Portionen täglich. Eine Portion entspricht dabei:
- Getreide oder Reis: 60–75 g (ungekocht)
- Vollkornbrot: zwei bis drei Scheiben (eine Scheibe = 50 g)
- Vollkornpasta: 125–150 g (ungekocht)
- Kartoffeln: zwei bis drei Stück, mittelgroß (ca. 200–300 g)

Welche Vollkornprodukte am meisten?

Je weniger verarbeitet, desto besser. Mit jedem Verarbeitungsschritt sinkt der Nährstoffgehalt. Am nährstoffreichsten sind ganze Getreidekörner wie Dinkel, Quinoa oder brauner Reis. Danach folgen mit absteigendem Nährstoffgehalt geschnittene Vollkorngetreide (z. B. Vollkornbulgur), gewalzte Vollkorngetreide (z. B. kernige Haferflocken), geschrotete Vollkorngetreide (z. B. Vollkorn-Weizenschrot), gemahlene Vollkorngetreide (Vollkornbrot und Vollkornpasta), geflakte Vollkorngetreide (z. B. Vollkornflakes) und gepuffte Vollkorngetreide (z. B. gepuffter Amarant).[118]

Warum Ballaststoffe so wichtig sind

Der Name Ballaststoffe ist etwas irreführend, denn sie sind alles andere als Ballast für den Körper. Im frühen 20. Jahrhundert ging man jedoch davon aus, dass Ballaststoffe aufgrund ihrer Unverdaulichkeit tatsächlich Ballast für den Körper sind. Heute weiß man, dass sie zwar von den Enzymen des menschlichen Verdauungstraktes nicht abgebaut werden können, von unseren Darmbakterien aber sehr wohl: Ballaststoffe dienen diesen als Nährstoffquelle.

Eine hohe Aufnahme von Ballaststoffen hat eine gesundheitsschützende und vorbeugende Wirkung und kann das Risiko zahlreicher Krankheiten wie Adipositas, Bluthochdruck, koronarer Herzkrankheiten, Diabetes mellitus Typ 2 und Fettstoffwechselstörungen reduzieren.[119] Eine erhöhte Ballaststoffzufuhr verlängert zudem das Sättigungsgefühl und fördert die Gewichtsabnahme.[120/121]

Ballaststoffe kommen fast ausschließlich in Pflanzen vor und befinden sich vor allem in Hülsenfrüchten und Vollkorngetreide. Aber auch Nüsse und Samen (z. B. Leinsamen) oder einige Gemüsesorten oder Obst (z. B. Brokkoli und Äpfel) können einen Teil zur Ballaststoffzufuhr beitragen.

Vor 140 Jahren verzehrte ein Mensch in Deutschland noch ungefähr 100 g Ballaststoffe täglich.[122] Heutzutage tun sich viele Menschen schwer, überhaupt die empfohlene Mindestzufuhr der Ballaststoffe zu erreichen: Nach Daten der Nationalen Verzehrsstudie II weisen 75 % der Frauen und 68 % der Männer eine Ballaststoffzufuhr unter dem Richtwert von mindestens 30 g pro Tag auf.[123] Hält man sich ungefähr an die vegane Lebensmittelpyramide, nimmt man automatisch mindestens die empfohlene Mindestmenge von 30 g am Tag zu sich.

Wissenswertes: Mehltypenzahl

Die Mehltypenzahl bestimmt die Menge an Nährstoffen. Je mehr Bestandteile des vollen Getreidekorns entfernt werden, desto größer ist der Nährstoffverlust. Die Typenzahl wird bestimmt, indem man 100 g Mehl verbrennt. Die nach dem Verbrennen übrig gebliebene Asche entspricht dem Mineralstoffgehalt des Mehls. Die Mehltype gibt also den Mineralstoffgehalt in Milligramm pro 100 g Mehl an. Ein Weizenmehl Type 405 hat einen mittleren Mineralstoffgehalt von 405 mg auf 100 g, während ein Weizenmehl Type 1050 mehr als das doppelte an Mineralstoffen enthält. Deshalb sollten möglichst Mehle mit hohen Typenzahlen, am besten Vollkornmehl, verwendet werden.

Hülsenfrüchte

Warum?

Hülsenfrüchte sind ballaststoffreich, haben eine niedrige Kaloriendichte und liefern viel Protein und wichtige Mineralstoffe wie Eisen und Zink. Der regelmäßige Verzehr von Hülsenfrüchten führt zu einem geringeren Auftreten von Herzinfarkten, Schlaganfällen und Krebs (Prostata, Dickdarm).[124]

Wie viel?

Drei Portionen täglich. Eine Portion entspricht dabei:

- Hülsenfrüchte: 40-50 g (roh)/150-220 g (gegart)
- Tofu, Tempeh, Seitan, Lupinen und Erbsenproteinprodukte: 50-100 g
- Pasta aus Hülsenfrüchten (z. B. Linsenpasta): 100-150 g

Verträglichkeit von Hülsenfrüchten steigern

Zur Verträglichkeit von Hülsenfrüchten gibt es Untersuchungen, die zeigen, dass weniger als die Hälfte der Probanden überhaupt verstärkte Blähungen nach dem Verzehr haben. Nach 8 bis 12 Wochen täglichen Verzehrs von Hülsenfrüchten berichtete nur noch ein kleiner Prozentsatz (3-11 %) über vermehrte Blähungen.[125] Falls der Körper also Umstellungsprobleme hat, werden diese schon nach kurzer Zeit verschwinden.

Trotzdem gibt es zusätzlich zur zeitlichen Komponente noch ein paar weitere Tipps zur Steigerung der Verträglichkeit von Hülsenfrüchten:[126/127]

- Einweichen der Hülsenfrüchte vor dem Kochen
- Zugabe von Natron in das Einweichwasser (0,5-1 g/l)
- Ankeimen der Hülsenfrüchte vor dem Kochen
- Fermentation der gekochten Hülsenfrüchte (z. B. Tempeh)
- Zugabe von verdauungsfördernden Gewürzen: Kreuzkümmel, Zimt, Kurkuma, Ingwer, Dill, Petersilie, Basilikum, Pfefferminze, Bohnenkraut, Anis, Thymian, Fenchel, Oregano
- ausreichend kauen und langsam essen

Wissenswertes: getrocknet, Dose oder Glas?

Es ist egal, ob man Hülsenfrüchte selbst kocht oder sich für welche aus der Dose oder dem Glas entscheidet. Der Nährstoffgehalt ist identisch. Dosenbohnen sollten allerdings gut abgespült werden, um den Salzgehalt zu reduzieren.

Nüsse und Samen

Warum?

Nüsse und Samen liefern Proteine, ungesättigte Fettsäuren, Folsäure, Niacin, Vitamin E, Vitamin B_6, Ballaststoffe, Mineralstoffe wie Kupfer, Magnesium, Kalium und Zink sowie Antioxidantien und viele sekundäre Pflanzenstoffe.[128] Nüsse und Samen senken das Risiko für Herz-Kreislauf-Erkrankungen.[129]

Wie viel?

Ein bis zwei Portionen täglich (inklusive Nussmus), dabei entspricht eine Portion 30 g.

Welche Nüsse und Samen am meisten?

Das beste Omega-3-zu-Omega-6-Verhältnis haben Walnüsse und Leinsamen. Diese sollten täglich auf dem Speiseplan stehen. Leinsamen sollten immer geschrotet werden, da der Körper die Nährstoffe ansonsten nicht aufnehmen kann.

Wissenswertes: Sind Nüsse Dickmacher?

Wie Studien zeigen, wird ein höherer Nussverzehr nicht mit einem höheren, sondern mit einem niedrigeren Körpergewicht in Verbindung gebracht.[130]

Dafür sind verschiedene Mechanismen verantwortlich:[131/132]

1. Der hohe Sättigungseffekt (durch die enthaltenen Proteine und Ballaststoffe) führt dazu, dass weniger Gesamtkalorien gegessen werden.
2. Nüsse erhöhen die Thermogenese und den Ruheenergieumsatz. Das heißt, der Körper bildet mehr Wärme, wodurch ein Anteil der Energie (= Kalorien) aus Nüssen nicht gespeichert, sondern verbrannt wird.

TIPP:

ES IST EGAL, OB MAN HÜLSENFRÜCHTE SELBST KOCHT ODER SICH FÜR DIE AUS DER DOSE ODER DEM GLAS ENTSCHEIDET. DER NÄHRSTOFFGEHALT IST IDENTISCH.

3. Durch unvollständiges Kauen und durch die enthaltenen Ballaststoffe wird nur ein Teil der Fette aus den Nüssen freigesetzt. Dadurch sinkt der aufgenommene Fett- und Kaloriengehalt in Nüssen. Von Walnussöl nimmt der Körper beispielsweise mehr Fett und Kalorien auf als von ganzen Walnüssen.

Milchalternativen

Warum?

Milchalternativen können einen positiven Beitrag zur Calciumversorgung leisten. Deshalb sollte immer auf angereicherte Pflanzendrinks zurückgegriffen werden. Diese erkennt man daran, dass auf der Verpackung „+ Calcium" steht. In der Nährwerttabelle ist Calcium dann ebenfalls aufgelistet. In der EU ist die Anreicherung von Bio-Lebensmitteln leider nicht erlaubt, weswegen hier besser auf Bio-Produkte verzichtet und stattdessen die angereicherte Milchalternative bevorzugt werden sollte.

Wie viel?

Ein bis drei Portionen täglich, bevorzugt ungesüßte und mit Calcium angereicherte Varianten. Eine Portion entspricht 100–200 g Sojadrink, Getreidedrink, Nussdrink, Erbsendrink oder Joghurtalternative.

Welche Milchalternativen am meisten?

Soja- und Erbsendrinks haben einen ähnlich hohen Proteingehalt wie Kuhmilch und können so zur Proteinversorgung beitragen.

Pflanzliche Öle und Fette

Warum?

Pflanzliche Öle und Fette liefern mehrfach ungesättigte Fettsäuren, Vitamin E und sekundäre Pflanzenstoffe. Sie sollten aufgrund ihres hohen Kaloriengehalts allerdings nur in Maßen verzehrt werden.

Wie viel?

Täglich 2–3 EL, davon 1 EL mit DHA angereichertes Leinöl, wenn kein DHA über Mikroalgenöl supplementiert wird.

Welches Öl sollte verwendet werden?

Kalt gepresste native Bio-Öle mit gutem Fettsäureverhältnis sollten raffinierten Ölen vorgezogen werden. Durch den hohen Verarbeitungsgrad sind in raffinierten Ölen, im Gegensatz zu nativen Ölen, fast keine Vitamine und sekundäre Pflanzenstoffe mehr enthalten.[133] Öle mit einem hohen Anteil mehrfach ungesättigter Fettsäuren (z. B. Lein-, Hanf-, Walnussöl) sollten nur für die kalte Küche und nicht zum Kochen oder Braten benutzt werden.

Zum Braten kann extra natives Olivenöl verwendet werden. Es hat ein gutes Fettsäuremuster und eignet sich aufgrund des hohen Ölsäuregehalts und der dadurch hohen oxidativen Stabilität zum Braten.[134] Dabei sollte jedoch der Rauchpunkt beachtet werden, der bei etwa 200 °C liegt.[135] Der Rauchpunkt ist die niedrigste Temperatur, bei der das Öl Rauch erzeugt. Wenn Öl zu stark erhitzt wird, entstehen giftige Abbauprodukte. Braten sollte man bei einer Temperatur von ca. 130–140 °C und frittieren zwischen 160 und 170 °C. Zu stark erhitztes Öl raucht, schäumt, hat einen beißenden Geruch, wird dunkler und dickflüssiger.[136] Zum Backen eignen sich kalt gepresste Öle aufgrund ihres Eigengeschmacks nicht. Hier können raffinierte Öle verwendet werden, da diese geschmacksneutral sind. Diese erkennt man an der Aufschrift „reines Rapsöl/Sonnenblumenöl".

Was in Maßen besser ist

Ganz oben in der Pyramide sind Snacks, Süßigkeiten und Alkohol. Diese sollten, falls gewünscht, nur in Maßen verzehrt werden.

Die Global Burden of Disease Study (GBDS) untersucht, wie sich der Verzehr von Lebensmitteln und Nährstoffen und deren suboptimale Aufnahme in 195 Ländern auf die Sterblichkeit und Krankheitshäufigkeit auswirkt. Herz-Kreislauf-Erkrankungen waren die Hauptursache für ernährungsbedingte Todesfälle, gefolgt von Krebserkrankungen und Typ-2-Diabetes.[137] Der führende ernährungsbedingte Risikofaktor weltweit war eine zu hohe Natriumaufnahme durch Salz.[138] Zur Prävention von kardiovaskulären Erkrankungen empfiehlt die WHO täglich nicht mehr als 5 g Salz zu sich zu nehmen.[139] Die Ergebnisse der GBDS zeigen ebenfalls, welch großen Einfluss Ernährung und einzelne Lebensmittelgruppen auf unsere Gesundheit haben. Eine suboptimale Ernährung ist demnach für mehr Todesfälle verantwortlich als alle anderen Risiken weltweit, einschließlich des Tabakrauchens.[140]

Auf den weiteren Plätzen der ernährungsbedingten Risikofaktoren liegen:

2. zu wenig Vollkornprodukte in der Ernährung

3. zu wenig Obst in der Ernährung

4. nuss- und samenarme Ernährung

5. gemüsearme Ernährung

6. zu wenig Omega-3-Fettsäuren

7. ballaststoffarme Ernährung

8. zu wenig mehrfach ungesättigte Fettsäuren

9. zu wenig Hülsenfrüchte in der Ernährung

10. Verzehr von zu viel Trans-Fettsäuren

Ebenfalls sollten wir einen zu hohen Konsum von isoliertem Zucker meiden. Nach Empfehlung der WHO sollten sowohl bei Erwachsenen als auch bei Kindern weniger als 10 % – idealerweise weniger als 5 % – der täglichen Energiezufuhr aus freien Zuckern stammen.[141] Der Begriff „freie Zucker" umfasst alle Einfach- und Zweifachzucker (Monosaccharide und Disaccharide), die der Nahrung durch Lebensmittelhersteller, Köche oder Konsumenten hinzugefügt werden, sowie den natürlichen Zuckergehalt von Honig, Sirup und Fruchtsäften.[142] Er schließt nicht Zucker ein, die in Obst oder Gemüse enthalten sind.[143] Vor allem ein hoher Verzehr von zuckergesüßten Getränken wird mit einem erhöhten Adipositasrisiko, also Fettleibigkeitsrisiko, in Verbindung gebracht und erhöht wahrscheinlich das Risiko für Typ-2-Diabetes.[144]

Alternative Süßungsmittel:
- frisches Obst oder Trockenobst (z. B. Bananen, Apfelmark, Datteln)
- Dattelzucker/Dattelsüße
- Erythrit ist ein Zuckeralkohol und wird insulinunabhängig verstoffwechselt. Dieser kann in höheren Mengen abführend wirken. Im Gegensatz zu anderen Süßstoffen wird Erythrit jedoch beinahe vollständig im Dünndarm resorbiert und unverändert über den Urin wieder ausgeschieden. Dadurch ist die Verträglichkeit meistens gut.[145]
- Xylit ist ebenfalls ein Zuckeralkohol, wird im Allgemeinen gut vertragen und hat eine kariespräventive Wirkung.[146] Hundebesitzer sollten wissen, dass Xylit für Hunde toxisch ist.
- Yacon-Sirup hat einen karamellartigen Geschmack, ist halb so süß wie Honig, enthält aber nur ein Drittel der Kalorien. Der Großteil der Zuckermoleküle ist in Form von Fruktanen aneinandergereiht, die nur von unseren Darmbakterien verdaut werden können. Dadurch wirkt sich Yacon-Sirup günstig auf unsere Darmflora aus.[147]

Es gibt an sich keine ungesunden Lebensmittel, sondern nur ungesunde Lebensweisen. Keine einzelne Mahlzeit oder Lebensmittelgruppe definiert die Gesundheit. Vielmehr geht es um das Gesamtbild der Ernährung im Laufe der Zeit.
Nur weil man einen Apfel pro Woche isst, lebt man nicht gesund. Genauso wenig ist es ungesund, sich ab und an etwas Süßes zu gönnen. Wichtig ist auch zu verstehen, dass zum Beispiel Zucker nicht komplett gemieden werden muss. Eine bewusste Reduktion ist ausreichend. Wie bei allem macht die Dosis das Gift. Ein Prinzip, das dabei helfen kann, ist das 80:20-Prinzip. Das heißt, 80 % der Ernährung sollten vollwertige Lebensmittel sein und die restliche Zufuhr kann individuell durch andere Lebensmittel erfolgen. Das Ziel einer gesunden Ernährungsweise ist nicht Perfektionismus. Es sollte eher eine Ernährungsweise gefunden werden, die alle Nährstoffe deckt und langfristig durchführbar ist. Deswegen gibt es in diesem Kochbuch neben vielen ausgewogenen Rezepten auch Rezepte wie Mousse au Chocolat, Nusszopf und Käsekuchen. Die Vorteile des 80:20-Prinzips:

1. Nachhaltigkeit: Eine radikale Ernährungsumstellung kann schwer beizubehalten sein. Das 80:20-Prinzip fördert die Nachhaltigkeit, da es Platz für persönliche Vorlieben und Genuss bietet.

2. Psychologisches Wohlbefinden: Das Verbot von Lebensmitteln kann zu Heißhunger und Frust führen. Das 80:20-Prinzip „erlaubt" gelegentliche Genussmomente, was das psychische Wohlbefinden fördern kann.

3. Soziale Interaktion: Gesundes Essen sollte nicht isolierend sein. Mit dem 80:20-Prinzip kann man sich in sozialen Situationen leichter einfügen und Speisen in Gesellschaft genießen.

MYTHEN UND ALLTAGSTIPPS

Soja – gesund oder schädlich?

Es gibt wohl kaum so viele Mythen über ein Lebensmittel wie über Soja. Doch was ist dran?

Ein Teil dieser Unsicherheit ist auf die komplexen Auswirkungen von Soja auf den Körper zurückzuführen. Soja enthält sogenannte Isoflavone, auch Phytoöstrogene genannt, die in ihrer Funktion dem menschlichen Östrogen ähneln, aber eine viel schwächere Wirkung haben. Soja-Isoflavone können sich an Östrogenrezeptoren im Körper binden und entweder eine schwache östrogene oder antiöstrogene Wirkung entfalten.[148]

Während der wissenschaftliche Konsens eindeutig ist, dass Soja eine nährstoffreiche Eiweißquelle ist und wahrscheinlich gesundheitliche Vorteile bietet, wird in sozialen Medien und der Presse immer wieder negativ über Soja berichtet.[149] Die Daten für solche Mythen stammen teilweise aus Tier- oder Zellstudien. Tatsächlich ist es aber so, dass nur ein winziger Bruchteil dieser Studien überhaupt auf den Menschen übertragen werden können. Das liegt daran, dass Tiere Isoflavone teilweise anders verstoffwechseln als wir Menschen. Zusätzlich ist die verabreichte Menge oft viel größer als die, die ein Mensch essen würde.

Bei Studien an Menschen sieht man, dass Sojaprodukte in normalen Mengen (zwei bis vier Portionen täglich, dabei entspricht eine Portion 250 ml Sojamilch oder ca. 110 g Tofu)[150] überwiegend positive oder neutrale Effekte auf den Menschen haben. Die wissenschaftliche Datenlage sagt also eindeutig, dass Soja in üblichen Mengen unbedenklich ist.[151]

Soja ist ein gesundes Lebensmittel mit gutem Aminosäureprofil, B-Vitaminen, Magnesium, Kalium, Mineralstoffen, gesundheitsfördernden sekundären Pflanzenstoffen und enthält viele Ballaststoffe.[152] Die Einzigen, die tatsächlich auf Soja verzichten sollten, sind Menschen mit Sojaallergie.

Die gängigsten Mythen zum Thema Soja:

Mythos 1: Soja verursacht Brustkrebs

Soja verursacht keinen Brustkrebs. Der Konsum von Soja kann sogar zu einem verringerten Brustkrebsrisiko führen oder hat im schlechtesten Fall nur eine neutrale, also keine Auswirkung auf dieses Risiko.[153/154] In manchen Bevölkerungsgruppen könnte der Sojakonsum in jungen Jahren der Grund für einen größeren Schutz vor Brustkrebs sein.[155]

Mythos 2: Soja verweiblicht Männer (Männerbrüste)

Soja in normalen Mengen (zwei bis vier Portionen täglich) hat keine negativen Einflüsse auf den Testosteron- oder Östrogenspiegel – Männer bekommen keine Brüste und es hat keinen Einfluss auf die Spermienqualität.[156/157] Es gibt einen Fallbericht aus dem Jahr 2008, bei dem ein 60-jähriger Mann eine Vergrößerung der Brustdrüsen entwickelte, nachdem er täglich 3 l Sojamilch (entspricht zwölf Portionen) getrunken hatte. Als er die Sojamilch abgesetzte, bildeten sich seine Brüste wieder zurück.

Ein zweiter Fallbericht handelt von einem 19-jährigen Mann, der täglich etwa 360 mg Isoflavone pro Tag zu sich nahm, was etwa 14 Portionen Soja entspricht. Das wären umgerechnet etwa 1 kg Tofu, kombiniert mit 1 l Sojamilch täglich. Nachdem er sich ein Jahr lang so ernährt hatte, entwickelte er einen niedrigen freien Testosteronspiegel und Erektionsstörungen. Seine Symptome normalisierten sich ebenfalls innerhalb eines Jahres, als er die Sojaprodukte schließlich absetzte.[158]

Mythos 3: Soja schadet der Schilddrüse

Soja hat keine negativen Auswirkungen auf die Schilddrüse gesunder Menschen mit guter Jodversorgung. Liegt jedoch ein Jodmangel vor, sollte dieser zuerst behoben werden, bevor Soja wieder konsumiert wird. Falls eine Schilddrüsenunterfunktion vorliegt, sollte man einen zeitlichen Abstand zwischen Einnahme der Medikamente und Sojakonsum einhalten und Rücksprache mit seinem behandelnden Arzt halten.[159]

Mythos 4: Soja-Anbau für vegane Lebensmittel zerstört den Regenwald

Für Soja werden große Flächen Regenwald gerodet. Etwa 80 % des weltweit angebauten Sojas wird als Futtermittel für die Massentierhaltung genutzt. Weitere 18 % werden als Sojaöl für Fertiggerichte und Non-Food-Produkte wie Kosmetika verwendet. Nur 2 % werden vom Menschen als Sojaprodukte verzehrt.[160] Für Sojaprodukte in Deutschland, Österreich und der Schweiz wird kein Soja aus Regenwaldgebieten verwendet.[161] Wer die Regenwälder schützen möchte, sollte also den Konsum tierischer Lebensmittel reduzieren. Da Sojamehl ungefähr ein Drittel des Kraftfutters der deutschen Massentierhaltung ausmacht, kommt auf jedes Kilogramm Schweinefleisch durchschnittlich etwa ein halbes Kilogramm Soja und auf ein Kilogramm Geflügelfleisch etwa ein Kilogramm Soja. Der Großteil des Sojas wird also indirekt über den Verzehr tierischer Produkte verbraucht.[162]

Mythos 5: Soja schadet Kindern

Säuglingsanfangsnahrung auf Sojabasis ist eine evidenzbasiert sichere Option für die Ernährung von Kindern. Die Wachstums- und Knochengesundheit sowie die Stoffwechsel-, Reproduktions-, Hormon-, Immun- und neurologischen Funktionen von Kindern, die diese Nahrung erhielten, sind ähnlich wie bei Kindern, die mit Anfangsnahrung auf Kuhmilchbasis oder Muttermilch ernährt wurden.[163]

Mögliche Vorteile von Soja

- Senkung des LDL-Cholesterinspiegels[164]
- geringeres Risiko für Prostatakrebs[165]
- reduzierte Symptome der Menopause (Hitzewallungen)[166]

Austausch von Lebensmitteln

Da bei einer veganen Ernährungsweise einige Lebensmittel wegfallen, müssen diese mengenmäßig durch andere Lebensmittel ersetzt werden. Dabei sollte man die Lebensmittelauswahl verändern und erweitern und nicht einfach nur bestimmte Lebensmittel weglassen. Gerade am Anfang möchte man sich noch an gewohnten Rezepten orientieren und die Ernährung nicht sofort komplett auf den Kopf stellen. Dabei kann es helfen, in den bekannten Rezepten anstelle der tierischen Lebensmittel vegane Ersatzprodukte zu nutzen. Je nach Aufgabe im Rezept funktioniert das natürlich nicht immer, und man muss vielleicht erst einmal ein bisschen ausprobieren. Langfristig löst man sich aber vom „Ersetzen" und lernt neue spannende Gerichte kennen, bei denen man nichts Tierisches ersetzen muss.

Fleisch und Fisch

Für viele war und ist Fleisch der Mittelpunkt der Mahlzeit und alle anderen Zutaten werden passend dazu zubereitet. An diese Stelle können beispielsweise Hülsenfrüchte und Produkte aus diesen wie Tofu, Tempeh, Seitan oder texturiertes Soja treten. Richtig zubereitet sind diese Lebensmittel nicht nur ernährungstechnisch wertvoll, sondern auch geschmackvoll. Die gesundheitsförderlichen langkettigen, mehrfach ungesättigten Fettsäuren in Fisch kann man ganz einfach durch Mikroalgen-Öl oder durch mit DHA angereichertes Leinöl zu sich nehmen.

Fleisch- und Wurstalternativen werden gerne aus Gewohnheit und für das „Geschmackserlebnis" gegessen. Sie können die Umstellung auf eine vegane Ernährung erleichtern und Essgewohnheiten und Traditionen können beibehalten werden, ohne in ethische und soziale Konflikte zu geraten.[167]

Vegane Fleischalternativen spielen trotzdem so gut wie keine Rolle bei der Versorgung vegan lebender Menschen mit kritischen Nährstoffen und sollten nur in Maßen gegessen werden. Sie bieten jedoch gegenüber tierischen Produkten klare Vorteile im Hinblick auf den Ressourcenverbrauch und klimaschädliche Emissionen.[168]

Kuhmilch

Kuhmilch kann ganz einfach durch Pflanzendrinks ersetzt werden. Diese gibt es beispielsweise auf Basis von Soja, Hafer, Kokos, Erbsen oder Mandel. Ernährungsphysiologisch sollte man darauf achten, dass der Pflanzendrink mit Calcium angereichert ist. Da die Anreicherung von Bio-Lebensmitteln, wie bereits zuvor erwähnt, in der EU nicht erlaubt ist, sollte man hier nicht zu Bio-Pflanzendrinks, sondern zu den konventionellen greifen. In Bezug auf den Proteingehalt kommen Pflanzendrinks auf Basis von Soja und Erbsen der Kuhmilch am nächsten.

Käse

Käsealternativen findest du in jedem Supermarkt. Ernährungsphysiologisch sind diese nicht sehr wertvoll und sollten nur in Maßen gegessen werden. Du kannst gesündere Käsealternativen aber auch selbst machen. In Woche 2 gibt es beispielsweise ein Rezept für veganen „Parmesan“, der sich super dazu eignet, fertige Pasta damit zu toppen. Mit der veganen Käsesauce kann man Aufläufe überbacken und mit veganem Mozzarella kannst du einen leckeren Tomaten-Mozzarella-Salat machen.

Joghurt

Joghurt aus Kuhmilch lässt sich ganz einfach durch pflanzlichen Joghurt aus Soja, Hafer, Kokos, Cashews oder Lupinen ersetzen. Hier sollten wieder mit Calcium angereicherte Produkte bevorzugt werden.

Sahne

Sahne für Saucen kann durch vegane Kochcreme, Soja- oder Hafersahne (auch Soja- oder Hafercuisine genannt) ersetzt werden. Diese eignen sich jedoch nicht zum Aufschlagen. Als Ersatz für Schlagsahne gibt es extra vegane Schlagcreme. Diese kann genauso verarbeitet werden wie Sahne aus Kuhmilch. Sahnealternativen gibt es mittlerweile in fast jedem Supermarkt.

Butter

Butter kann durch vegane Butter oder durch Margarine ersetzt werden. Bei Margarine sollte darauf geachtet werden, dass ein Vegan-Siegel auf der Verpackung zu finden ist, da sich auch tierische Bestandteile darin befinden können.

Eier

Als Bindemittel beim Backen kann ein Ei ersetzt werden durch:

- 1 EL Leinsamen/Chiasamen + 3 EL Wasser (vermengen und 5–10 Minuten quellen lassen)
- 2 EL Speisestärke + 2 EL Wasser
- 1 EL Sojamehl + 2 EL Wasser
- 1 TL Johannisbrotkernmehl + 40 ml Wasser
- Ei-Ersatzpulver nach Anleitung

Für den typischen Ei-Geschmack in deftigen Speisen verwende ich Kala Namak (Schwarzsalz). Kala Namak ist ein Salz mit geringen Mengen an Schwefelverbindungen, was ihm den typischen Ei-Geruch und -Geschmack verleiht. Es eignet sich, um zum Beispiel Rührtofu den typischen Geschmack nach Rührei zu geben. Kala Namak gibt es in größeren Supermärkten oder im Bio-Laden.

Gelatine

Agar-Agar ist eine Alternative zu tierischer Gelatine, die aus Algen hergestellt wird. Es dient genau wie Gelatine als Geliermittel für sämtliche Zwecke, wie beispielsweise Tortenguss. Zu finden ist es in jedem Supermarkt.

TIPP:

REZEPTE FÜR GESUNDE UND LECKERE KÄSEALTERNATIVEN FINDEST DU AUF DEN SEITEN 94 BIS 97.

Weitere vegane Lebensmittel und wo du sie kaufen kannst

Hefeflocken/Nährhefe

Hefeflocken werden hergestellt, indem man Hefe durch Hitze inaktiviert. Sie sind nährstoffreich, enthalten viele B-Vitamine und sind ein Allrounder beim Würzen. Man kann sie einfach über das fertige Gericht streuen, was ihm einen leckeren, leicht käsigen Umami-Geschmack verleiht. Man kann mit ihnen auch leckere Käsealternativen zubereiten. Hefeflocken gibt es meist in größeren Supermärkten und in Bio-Läden.

Tahin (auch Tahina oder Tahini genannt)

Tahin ist eine Paste aus Sesam, ähnlich wie Erdnussmus. Es eignet sich super als Grundzutat, um Saucen oder Dressings zuzubereiten. Für Hummus ist es eine wichtige Zutat. Tahin ist nährstoffreich und enthält mehrfach ungesättigte Fettsäuren. Geschmacklich gibt es große Unterschiede. Man sollte darauf achten, weißes Tahin zu kaufen, welches aus geschältem Sesam zubereitet wird. Es sollte nicht bitter schmecken. Am besten testet man verschiedene Marken und findet seinen Favoriten. Du findest es im Supermarkt, türkischen Lebensmittelladen oder Bio-Laden.

Tapiokastärke

Wird aus der Maniokwurzel hergestellt und ist eine geschmacksneutrale Stärke. Sie eignet sich gut für vegane Käsesaucen, da sie für eine schöne „käsige" Konsistenz sorgt. Man findet sie im Bio- oder Asiamarkt.

Tofu

Tofu wird aus Sojabohnen hergestellt. Die Herstellung ist vergleichbar mit der von Käse. Geschmacklich gibt es große Unterschiede zwischen den erhältlichen Marken. Am besten testet man sich durch mehrere Sorten aus verschiedenen Supermärkten, Bio- oder Asiamärkten. Tofu findest du mittlerweile in allen Supermärkten in verschiedenen Geschmacksrichtungen.

Tempeh

Tempeh wird aus fermentierten Sojabohnen hergestellt. Durch die Fermentierung werden Nährstoffe noch besser aufgenommen. Richtig zubereitet ist er eine leckere Proteinquelle. Tempeh findet man in jedem Bio-Laden oder beim Asiamarkt.

Nudeln aus Hülsenfrüchten

Ich mische gerne helle Nudeln aus Hartweizengrieß mit Pasta aus Linsen oder Kichererbsen. Diese bringen nicht nur geschmacklich etwas Abwechslung, sondern liefern auch noch jede Menge Proteine und Ballaststoffe.

Seitan

Aus Weizenmehl werden Kohlenhydrate, Ballaststoffe, Vitamine und Mineralstoffe ausgewaschen, bis reines Weizenprotein (Gluten) übrig bleibt. Auch wenn Gluten seit einigen Jahren einen schlechten Ruf hat, ist es keineswegs negativ zu bewerten. Solange man keine Unverträglichkeit hat oder an bestimmten Krankheiten wie Hashimoto-Thyreoiditis leidet, ist an Gluten nichts auszusetzen. Man kann es selbst herstellen, als Pulver oder fertig geformt in Supermärkten, Bio- und Asiamärkten kaufen. Wenn man Seitan selbst herstellt oder als Pulver kauft, kann man auch dessen Form und Geschmack selbst bestimmen. Aus Seitan können beispielsweise vegane Schnitzel, Currywurst und viele weitere Gerichte hergestellt werden.

Edamame

Edamame sind Sojabohnen, die eine sehr kurze Garzeit (5 bis 8 Minuten) haben. Sie sind super, um Gerichten noch eine knackige Komponente und etwas Extraprotein zu verleihen.

Texturiertes Soja oder texturierte Erbsen

Im Supermarkt oder online findet man Sojagranulat oder Soja-/Erbsenschnetzel, mit denen Gerichte wie Bolognese, Lasagne, Gyros oder Geschnetzeltes gekocht werden können. Da texturiertes Soja geschmacklos ist, muss es richtig gewürzt werden. Dazu findest du in Woche 3 passende Rezepte.

Ist das vegan?

„Kann Spuren von Milch/Ei enthalten"

Vegan - Vegane Lebensmittel werden oft in Produktionsstätten hergestellt, in denen auch nicht vegane Lebensmittel hergestellt werden. Es handelt sich lediglich um potenzielle Verunreinigungen, die für Allergiker wichtig sein können. Unternehmen können meist nicht garantieren, dass trotz aller Hygienestandards nicht doch minimale Spuren von anderen Produkten in veganen Lebensmitteln landen. Diese Produkte sind trotzdem vegan.

Milchsäure (E 270)

Vegan - Der Name ist etwas irreführend und kommt daher, dass die Milchsäure erstmals in saurer Milch entdeckt wurde. Milchsäure ist unter anderem ein Zwischenprodukt des menschlichen Stoffwechsels. In der Lebensmittelindustrie wird sie oft als Säuerungsmittel oder zur Konservierung von Lebensmitteln genutzt. Sie wird vor allem durch Fermentation von Kohlenhydraten hergestellt. Milchsäurebakterien wirken probiotisch und somit sind viele milchsäurehaltige Lebensmittel (z. B. Sauerkraut, Sauerteigbrot) fördernd für die Darmgesundheit.

Honig

Nicht vegan - Honig ist ein tierisches Produkt und somit nicht vegan. Für viele ist es unverständlich, dass vegan lebende Menschen auf Honig verzichten. Honig ist ein Produkt, für das Bienen sehr hart arbeiten. Sie produzieren ihn nicht einfach aus einer Laune heraus - sie benötigen ihn als wichtige Nahrungsquelle, um zu überleben. Die Nahrung, die den Bienen als Ersatz für den entnommenen Honig gegeben wird, ist in vielen Betrieben eine Art billiges Zuckerwasser, welches nicht mit Honig zu vergleichen ist und Bienen anfälliger für Krankheiten macht. Nicht selten werden der Bienenkönigin auch die Flügel gestutzt, sodass sie nicht wegfliegen kann. Honig ist ein Produkt, das Bienen für ein gesundes Leben brauchen, für Menschen jedoch keinen gesundheitlichen Nutzen hat.

Gelatine (E 441)

Nicht vegan - Gelatine wird aus dem Bindegewebe verschiedener Tiere hergestellt.

Casein

Nicht vegan - Milchprotein

Wein

Kommt darauf an - Veganer Wein ist meistens mit einem veganen Label ausgezeichnet. Weine, die nicht vegan sind, werden mit Gelatine, Eiklar, Casein (Milchprotein) oder Schwimmblasen von Fischen geklärt (Schönung des Weines).

Mager-/Vollmilchpulver

Nicht vegan

Kakaobutter

Vegan

Ghee

Nicht vegan - geklärte Butter

Laktose

Nicht vegan - Milchzucker

Lactit (E 966)

Nicht vegan - Süßungsmittel, das aus Laktose gewonnen wird

Karmin/Cochenille (E 120)

Nicht vegan - roter Farbstoff, der aus Schildläusen gewonnen wird. Er wird oft in farbigen Getränken und Süßigkeiten verwendet

Schellack (E 904)

Nicht vegan - Ausscheidungen der Lackschildlaus; Überzugsmittel für Schokolade, Nahrungsergänzungsmittel, Zitrusfrüchte oder Kaugummis

Bienenwachs (E 901)

Nicht vegan - wird als Füllstoff, Trennmittel oder als Überzugsmittel verwendet. Verwendung: Nahrungsergänzungsmittel, Obst und Süßigkeiten

TIPP:

NACHSALZEN IST NICHT IMMER DIE LÖSUNG BEI FADEM ESSEN! WANN IMMER MÖGLICH, SOLLTEN DIE FÜNF GESCHMACKSRICHTUNGEN SÜSS, SAUER, SALZIG, UMAMI UND BITTER IN EIN GERICHT INTEGRIERT WERDEN.

Wie jedes vegane Gericht leckerer wird

Das Essen schmeckt zu fade? Meistens greift man zuerst zum Salzstreuer. Dass das für die Herzgesundheit nicht unbedingt förderlich ist, haben wir bereits gelernt. Außerdem ist fehlendes Salz häufig gar nicht der Grund, warum das Essen fade schmeckt. Für ein ausgewogenes Geschmackserlebnis benötigen wir alle fünf Geschmacksrichtungen.

Süß

Eine kleine Menge Zucker, Obst oder andere Süßungsmittel runden deftige Speisen ab und gleichen zum Beispiel Säure in Tomatensaucen gut aus.

Sauer

Für mehr Frische verwende ich gerne Apfelessig oder Zitronensaft in deftigen Gerichten. Bevor nachgesalzt wird, sollte zuerst etwas Säure integriert werden.

Salzig

Wie schon gesagt, ist es meistens nicht das Salz, das fehlt. Trotzdem kann eine Prise Salz viel bewirken. Neben Jodsalz verwende ich auch Sojasauce, Gemüsebrühe oder Miso.

Umami

Umami beschreibt den herzhaften, deftigen und würzigen Geschmack, den man von Fleisch kennt. Doch auch durch pflanzliche Lebensmittel wie Sojasauce, angebratene Tomatensauce, getrocknete Stein- oder Shiitakepilze, Miso oder Hefeflocken kann man einen leckeren Umami-Geschmack in seine Gerichte integrieren.

Bitter

Bittere Lebensmittel sollten sparsam eingesetzt werden, um ein Gericht abzurunden. Ich verwende gerne eine kleine Prise Kurkuma in deftigen Speisen.

MEIN VORRATSSCHRANK - DAS HABE ICH IMMER ZU HAUSE

Kräuter und Gewürze

- ☐ Jodsalz
- ☐ Pfeffer
- ☐ Knoblauchpulver
- ☐ Zwiebelpulver
- ☐ Paprikapulver rosenscharf
- ☐ Chilipulver/-flocken
- ☐ Kurkuma
- ☐ gemahlener Ingwer
- ☐ Kreuzkümmel
- ☐ Currypulver
- ☐ Kala Namak
- ☐ Schnittlauch
- ☐ Petersilie
- ☐ Oregano
- ☐ Basilikum
- ☐ italienische Kräutermischung
- ☐ Ceylon-Zimt
- ☐ Koriander
- ☐ Rosmarin
- ☐ Thymian
- ☐ Majoran
- ☐ Gemüsebrühepulver
- ☐ Hefeflocken
- ☐ getrocknete Steinpilze

HIER KANNST DU ABHAKEN, WAS DU SCHON ZU HAUSE HAST – ODER DU VERWENDEST ES ALS PRAKTISCHEN EINKAUFSZETTEL!

Saucen, Öl, Essig

- ☐ passierte Tomaten
- ☐ gehackte Tomaten
- ☐ Tomatenmark
- ☐ Curry-Paste
- ☐ Senf
- ☐ Sojasauce/Tamari
- ☐ Sriracha-Sauce (Chilisauce)
- ☐ Kokosmilch
- ☐ Soja-/Hafersahne
- ☐ Salsa-Sauce
- ☐ extra natives Olivenöl
- ☐ Sesamöl
- ☐ Reisessig
- ☐ Apfelessig
- ☐ Aceto balsamico

(Pseudo-)Getreideprodukte

- ☐ Vollkornnudeln
- ☐ helle Nudeln
- ☐ Quinoa
- ☐ Bulgur
- ☐ Reis
- ☐ Haferflocken
- ☐ Vollkornbrot
- ☐ Mie-Nudeln
- ☐ Vollkornmehl
- ☐ Dinkelmehl Type 1050
- ☐ Weizenmehl Type 405
- ☐ Vollkornbrösel

Hülsenfrüchte

- ☐ rote Linsen
- ☐ Kidneybohnen
- ☐ weiße Bohnen
- ☐ Kichererbsen
- ☐ Tofu
- ☐ Räuchertofu
- ☐ Tempeh
- ☐ Sojagranulat
- ☐ Erbsenschnetzel
- ☐ Linsennudeln
- ☐ Hummus
- ☐ Sojajoghurt (Skyr-Alternative)

TIPP:

DAMIT DU JEDERZEIT SCHNELL ETWAS LECKERES ZAUBERN KANNST, SORGE DAFÜR, DASS DEIN VORRATSSCHRANK IMMER GUT GEFÜLLT IST!

Nüsse und Samen

- ☐ Erdnussmus
- ☐ Mandelmus
- ☐ Leinsamen
- ☐ Walnusskerne
- ☐ Cashewkerne
- ☐ Sesamsamen
- ☐ Chiasamen
- ☐ weißes Tahin
- ☐ Flohsamenschalen
- ☐ Kürbiskerne

Obst und Gemüse

- ☐ Bananen
- ☐ Äpfel
- ☐ Apfelmark
- ☐ Zitronen
- ☐ (Süß-)Kartoffeln
- ☐ Zwiebeln
- ☐ Knoblauch
- ☐ Paprikaschoten
- ☐ Rucola
- ☐ Blumenkohl (TK)
- ☐ Brokkoli (TK)
- ☐ Spinat (TK)
- ☐ Beeren (TK)

Süßungsmittel

- ☐ Ahornsirup
- ☐ Zucker
- ☐ Erythrit
- ☐ Xylit

Sonstiges

- ☐ Pflanzendrink (+ Calcium)
- ☐ Zartbitterschokolade
- ☐ veganer Feta
- ☐ Backpulver
- ☐ Kakaopulver

DIE 4-WOCHEN-CHALLENGE

DIE REZEPTE FÜR DEINE CHALLENGE

Anfangs mag es schwierig und überfordernd erscheinen, komplett vegan zu kochen und seine Ernährung umzustellen. Aus diesem Grund sind die Rezepte in vier aufeinanderfolgende Wochen unterteilt. Jede Woche hat ein spezifisches Thema, das dir als Leitfaden dient, um dich mit der veganen Ernährung vertraut zu machen. Dies soll dir dabei helfen, die Welt der veganen Ernährung schrittweise zu erkunden und dich in kleinen Schritten in einen Vegan-Profi verwandeln.

Der flexible Ansatz

Die Rezepte der „Vegan Challenge" geben dir eine Orientierung, sie sind nicht zwingend ein strikter Plan. Du kannst entweder wochenweise vorgehen oder auch Rezepte aus unterschiedlichen Wochen kombinieren und die Rezepte auswählen, die am besten zu deinem Geschmack passen, und dir so deinen eigenen Wochenplan erstellen. Die ersten beiden Wochen enthalten auch typische Frühstücksrezepte, während die letzten beiden Wochen den Schwerpunkt auf Hauptgerichte und Desserts legen. Du kannst Rezepte aus verschiedenen Wochen in deinen persönlichen Plan integrieren, um die Vielfalt der veganen Ernährung zu erkunden.

Und noch was ...

Es ist wichtig zu verstehen, dass die Rezepte, die auf den Ersatz tierischer Produkte wie beispielsweise Käse abzielen, nicht unbedingt exakt schmecken wie das Original. Während der Ersatz von bekannten Tierprodukten enorm hilfreich sein kann, um die eigene Ernährung umzustellen, ist das eigentliche Ziel, dir eine neue Vielfalt an Geschmacksrichtungen und Zutaten näherzubringen und dir die Möglichkeit zu bieten, die Welt der veganen Ernährung zu erkunden. Geschmack ist oft antrainiert, und der Übergang zu einer pflanzlichen Ernährung kann anfangs ungewohnt sein. Ich ermutige dich jedoch dazu, offen für neue Geschmackserlebnisse zu sein und die Rezepte nicht nur nach dem Maßstab des Vergleichs mit tierischen Produkten zu bewerten. Die Umstellung deiner Ernährung wird nicht nur deinen Körper, sondern auch deine Geschmacksvorlieben verändern.

So ziehst du die Challenge durch!

1. Planung ist alles: Beginne deine Challenge mit einer soliden Planung. Erstelle eine Einkaufsliste und plane einen wöchentlichen Einkauf, um sicherzustellen, dass du stets frische vegane Lebensmittel zur Hand hast. Dies erspart dir stressige Situationen und spontane Ausnahmen.

2. Setze dir klare Ziele: Definiere klare und erreichbare Ziele für die 30 Tage deiner „Vegan Challenge". Überlege, was du persönlich aus dieser Erfahrung mitnehmen möchtest, und notiere dir deine Gründe, vegan zu leben. Erinnere dich regelmäßig an deine Gründe und Ziele. Schaffe visuelle Erinnerungen, die dein Commitment stärken, sei es in Form von Notizen oder Vision Boards.

3. Koche im Voraus: Bereite Mahlzeiten im Voraus vor, wann immer du Zeit hast. Das spart Zeit und sorgt dafür, dass du immer eine leckere, vegane Option zur Hand hast.

4. Gesellschaftliche Anlässe: Wenn du zu sozialen Veranstaltungen oder in Restaurants gehst, informiere dich im Voraus über vegane Optionen. Oftmals gibt es bereits vegane Alternativen auf der Speisekarte.

5. Snacks und Vorräte: Halte immer vegane Snacks und Lebensmittelvorräte bereit, damit du nicht in Versuchung gerätst, auf nicht vegane Optionen zurückzugreifen.

6. Kommuniziere offen: Teile deinen Entschluss, die „Vegan Challenge“ zu beginnen, mit deinen Lieben. Erkläre, warum es dir wichtig ist, diese Reise anzutreten, und bitte um ihr Verständnis und ihre Unterstützung.

7. Gemeinsam starten: Lade Freunde oder Familienmitglieder ein, sich dir anzuschließen. Das gemeinsame Engagement macht die Challenge interessanter und ermöglicht euch gegenseitiges Motivieren.

8. Toleranz und Respekt: Sei tolerant und respektiere die Entscheidungen anderer. Jeder hat sein eigenes Tempo und seine Gründe für seine Ernährungswahl. Vermeide es, andere zu missionieren oder zu kritisieren.

TIPP:

NIEMAND IST PERFEKT. AKZEPTIERE, DASS ES IN DEN ERSTEN TAGEN HERAUSFORDERUNGEN GEBEN KANN. SEI GEDULDIG MIT DIR UND LASSE DICH NICHT VON RÜCKSCHLÄGEN ENTMUTIGEN.

UND LOS GEHT'S!

WOCHE 1

WOCHE 2

WOCHE 3

WOCHE 4

WOCHE 1

– Der sanfte Einstieg

Für einen leichten Einstieg zeige ich dir in der ersten Woche vor allem Rezepte, die ohnehin schon (fast) vegan sind – du wirst also gar nicht merken, dass du auf irgendwas verzichtest! Und damit auf jeden Fall das Frühstück, der Pausensnack im Büro oder wahlweise die Brotzeit am Abend gesichert sind, gibt es einige leckere Brotaufstriche (S. 76 bis 79) on top!

Ein einfaches Vergnügen für den Morgen - knusprige Haferflocken, geröstete Nüsse und getrocknete Früchte vereinen sich zu einem herrlich leckeren Mix, der deinen Tag mit einem Lächeln beginnen lässt.

ZIMT-GRANOLA

- **Portion:** ergibt ca. 600 g
- **Zubereitungszeit:** 35 Minuten
- **Nährwerte pro 100 g:** 437 kcal | 45 g Kohlenhydrate | 21 g Fett | 12 g Protein

ZUTATEN

5 EL Walnusskerne
220 g Haferflocken
5 EL Kürbiskerne
2 EL Kokosraspel
80 g Rosinen
¼ TL Salz
2 TL Vanilleextrakt
2 TL Zimtpulver
4 EL Mandelmus (alternativ: Erdnussmus)
5 EL Ahornsirup
2 EL Olivenöl
2 reife Bananen, geschält

ZUBEREITUNG

Den Backofen auf 160 °C Umluft vorheizen.

Währenddessen die Walnüsse klein hacken und mit Haferflocken, Kürbiskernen, Kokosraspeln, Rosinen und Salz in einer Schüssel vermischen.

Vanilleextrakt, Zimt, Mandelmus, Ahornsirup und Olivenöl in einem Topf bei schwacher Hitze verrühren, bis eine homogene Masse entsteht. Den Topf beiseitestellen.

Die Bananen mit einer Gabel zerdrücken. Zusammen mit der flüssigen Masse aus dem Topf in die Schüssel zu den trockenen Zutaten geben und alles gut vermischen. Auf einem mit Backpapier ausgelegten Backblech gleichmäßig verteilen und gut andrücken. Im Backofen auf der mittleren Schiene 30 Minuten backen.

Das Granola aus dem Ofen nehmen und komplett abkühlen lassen, so lässt es sich leicht vom Backpapier lösen.

TIPP:

DAS GRANOLA SCHMECKT WUNDERBAR ZU KOKOSJOGHURT – UND WER MAG, GIBT NOCH ETWAS AHORNSIRUP DAZU FÜR EINEN LEICHT SÜSSLICH KARAMELLIGEN GESCHMACK. AUCH BEEREN PASSEN GUT DAZU!

Verwöhne dich mit einem Frühstück, das wie ein Dessert schmeckt! Die cremige Konsistenz und die fruchtig süßen Beeren machen den Start in den Tag zu einem echten Genuss.

PORRIDGE MIT NICECREAM UND BEEREN

* **Für 1 Portion**
* **Zubereitungszeit:** 15 Minuten
* **Nährwerte pro Portion:** 432 kcal | 48 g Kohlenhydrate | 15 g Fett | 20 g Protein

ZUTATEN

3 EL Haferflocken
1 Prise Salz
ca. 120 ml Haferdrink
½ TL Zimtpulver
1 reife Banane, klein geschnitten und tiefgekühlt
75 g TK-Beerenmischung
1 ½ EL Schoko-Proteinpulver (optional)
5 EL Haferdrink
1 EL Walnusskerne
1 Stück Zartbitterschokolade (10 g)
1 Handvoll frische Beeren nach Wahl

ZUBEREITUNG

Für den Porridge die Haferflocken mit dem Salz in einem kleinen Topf kurz anrösten. Mit dem Haferdrink ablöschen und den Zimt dazugeben. Den Porridge bei schwacher Hitze so lange unter ständigem Rühren köcheln lassen, bis eine zähe Masse entsteht. Den Topf beiseitestellen.

Für die Nicecream gefrorene Bananenstücke, Beerenmischung, Proteinpulver und Haferdrink in einem leistungsstarken Standmixer pürieren, bis eine glatte Masse entsteht. Bei Bedarf noch etwas Wasser oder Haferdrink hinzufügen.

Den Porridge und die Nicecream in eine Schüssel geben. Die Walnüsse und die dunkle Schokolade klein hacken und den Porridge damit garnieren. Zum Schluss noch die frischen Beeren verlesen, waschen, trocken tupfen und über den Porridge geben.

Ein leichter Couscous-Salat mit aromatischem Ofengemüse – die perfekte Kombination aus Frische und herzhaften Aromen, die deine Sinne auf eine herrlich beschwingte Reise schickt.

COUSCOUS-SALAT MIT OFENGEMÜSE

* **Für 2 Portionen**
* **Zubereitungszeit:** 35 Minuten
* **Nährwerte pro Portion:** 727 kcal | 90 g Kohlenhydrate | 27 g Fett | 21 g Protein

ZUTATEN

200 g Instant-Couscous
2 mittlere Zucchini
1 Aubergine
Salz
1 EL Olivenöl
4–5 mittelgroße Tomaten
2 Knoblauchzehen
1 EL Zitronensaft
2 EL Olivenöl
½ TL Salz
2 EL gehacktes Basilikum
60 g veganer Feta
2 EL Walnusskerne

ZUBEREITUNG

Den Backofen auf 180 °C Umluft vorheizen.

Den Couscous in einer Schüssel mit 200 ml kochendem Wasser übergießen und 5 Minuten zugedeckt quellen lassen. Dann mit einer Gabel auflockern.

Währenddessen die Zucchini und die Aubergine putzen, waschen und in Würfel schneiden. Beides anschließend auf ein mit Backpapier ausgelegtes Backblech geben und mit dem Olivenöl beträufeln. Im Ofen auf der mittleren Schiene 25 bis 30 Minuten garen.

Die Tomaten waschen und in Scheiben schneiden, dabei die Stielansätze entfernen. Den Knoblauch schälen, in feine Würfel schneiden und mit den Tomaten in eine Schüssel geben. Zitronensaft, Olivenöl, Salz und Basilikum hinzufügen und alle Zutaten gut miteinander vermischen.

Das Gemüse aus dem Ofen nehmen, zu den Tomaten in die Schüssel geben und kurz ziehen lassen. Anschließend den Couscous mit dem Gemüse auf Tellern anrichten und mit Fetastückchen und grob gehackten Walnüssen garnieren.

Das Kürbisgulasch ist nicht nur deftig und sättigend, sondern auch reich an Beta-Carotin, einem Vorläufer von Vitamin A. Die Hülsenfrüchte sorgen für die tägliche gesunde Portion pflanzliches Protein und Ballaststoffe.

KÜRBISGULASCH

* **Für 4 Portionen**
* **Zubereitungszeit:** 40 Minuten
* **Nährwerte pro Portion:** 352 kcal | 42 g Kohlenhydrate | 13 g Fett | 10 g Protein

ZUTATEN

1 kleiner Hokkaidokürbis (ca. 600 g)
600 g festkochende Kartoffeln
1 Zwiebel
2 rote Paprikaschoten
200 g Champignons
2 EL Olivenöl
700 ml Gemüsebrühe
200 g Sojasahne
1 Dose gehackte Tomaten (ca. 400 g)
2 TL Paprikapulver rosenscharf
1 TL Chilipulver
½ TL getrockneter Majoran
½ TL getrockneter Thymian
Salz, Pfeffer aus der Mühle
1 EL gehackte Petersilie

ZUBEREITUNG

Den Kürbis waschen, halbieren, die Kerne mit einem Löffel entfernen und den Kürbis in Würfel schneiden. Die Kartoffeln schälen, waschen und in Würfel schneiden. Die Zwiebel schälen und in feine Würfel schneiden. Die Paprikaschoten längs halbieren, entkernen, waschen und in Würfel schneiden. Die Champignons putzen und vierteln.

Das Olivenöl in einem großen Topf erhitzen und die Kürbis- und Kartoffelwürfel sowie die Zwiebel darin bei starker Hitze etwa 3 Minuten anbraten. Paprika- und Champignonstücke dazugeben und kurz mitgaren. Mit Gemüsebrühe und Sojasahne ablöschen und 10 Minuten köcheln lassen.

Tomaten, Paprikapulver, Chilipulver, Majoran und Thymian dazugeben. Das Gulasch mit Salz und Pfeffer würzen und weitere 10 Minuten köcheln lassen. Vor dem Servieren mit frischer Petersilie garnieren.

Zarte Gnocchi, umhüllt von einer cremigen Champignon-Rahmsauce – einfach und unkompliziert in der Zubereitung, zugleich ein köstliches Erlebnis für die Zunge, sind diese Gnocchi die perfekte Wahl für Genießer.

GNOCCHI IN CHAMPIGNON-RAHMSAUCE

- **Für 2 Portionen**
- **Zubereitungszeit:** 30 Minuten
- **Nährwerte pro Portion:** 596 kcal | 68 g Kohlenhydrate | 26 g Fett | 17 g Protein

ZUTATEN

400 g Gnocchi
400 g Champignons
1 Zwiebel
1 EL Olivenöl
1 TL getrockneter Rosmarin
1 EL Weizenmehl
¼ l Gemüsebrühe
250 g Sojasahne
1 EL Sojasauce
1 EL Apfelessig
1 TL Ahornsirup
1 TL Kurkumapulver
Salz, Pfeffer aus der Mühle
1 EL Schnittlauchröllchen (alternativ: Petersilie)

ZUBEREITUNG

Die Gnocchi in reichlich kochendem Salzwasser nach Packungsanweisung garen.

Währenddessen für die Sauce die Champignons putzen und in Scheiben schneiden. Die Zwiebel schälen und in feine Würfel schneiden. Das Olivenöl in einer beschichteten Pfanne erhitzen und die Zwiebel zusammen mit dem Rosmarin andünsten. Die Champignons hinzufügen und 4 bis 5 Minuten mitgaren.

Das Mehl in die Pfanne geben, kurz unter Rühren anschwitzen und mit der Gemüsebrühe ablöschen. Sojasahne, Sojasauce, Apfelessig, Ahornsirup und Kurkuma dazugeben und alles 5 Minuten köcheln lassen. Anschließend mit Salz und Pfeffer würzen. Die Gnocchi auf Teller verteilen, die Rahmsauce darübergeben und alles mit frischem Schnittlauch bestreut servieren.

Eine inspirierende Reise aus leichter Schärfe und frischer Süße. Das Süßkartoffel-Curry mit Ananas ist wirklich eine Geschmacksexplosion, doch auch eine Quelle der Vitamine A und C. Die Süßkartoffeln sorgen für komplexe Kohlenhydrate, während die Ananas mit Enzymen und Antioxidantien punktet.

SÜSSKARTOFFEL-CURRY MIT ANANAS

- **Für 4 Portionen**
- **Zubereitungszeit:** 40 Minuten
- **Nährwerte pro Portion:** 500 kcal | 65 g Kohlenhydrate | 15 g Fett | 17 g Protein

ZUTATEN

1 mittelgroße Süßkartoffel (ca. 400 g)
200 g Ananas (frisch oder aus der Dose)
1 Zwiebel
2 Knoblauchzehen
1 haselnussgroßes Stück Ingwer
2 Dosen Kichererbsen (à ca. 250 g Abtropfgewicht)
1 EL Sesamöl (alternativ: Olivenöl)
3 TL rote Currypaste
1 EL Tomatenmark
400 ml Gemüsebrühe
200 ml Kokosmilch
400 g passierte Tomaten
2 EL Sojasauce
2 EL Zitronensaft
1 TL Chilisauce (alternativ: Chilischote)
1 TL getrockneter Koriander
1 TL Ahornsirup

ZUBEREITUNG

Die Süßkartoffe schälen, waschen und in etwa 2 cm große Würfel schneiden. Die Ananas schälen, vierteln, den harten Strunk herausschneiden und das Fruchtfleisch ebenfalls würfeln. Zwiebel, Knoblauch und Ingwer schälen und in feine Würfel schneiden. Die Kichererbsen in ein Sieb abgießen, abbrausen und abtropfen lassen.

Das Öl in einer großen Pfanne erhitzen und Zwiebel, Knoblauch und Ingwer darin bei mittlerer Hitze kurz andünsten. Anschließend Currypaste, Tomatenmark, Süßkartoffel- und Ananaswürfel sowie Kichererbsen in die Pfanne geben und 4 bis 5 Minuten mitgaren.

Mit der Gemüsebrühe ablöschen und anschließend Kokosmilch, passierte Tomaten, Sojasauce, Zitronensaft, Chilisauce, Koriander und Ahornsirup hinzufügen. Das Curry zugedeckt bei schwacher Hitze etwa 15 Minuten köcheln lassen. Auf Teller verteilen und servieren.

TIPP:

ZUM CURRY PASST REIS ALS BEILAGE HERVORRAGEND! DIE AUSWAHL AN REISSORTEN IST RIESIG – PROBIERE EINFACH AUS, WAS DIR AM BESTEN SCHMECKT, UND ENTDECKE DEINEN PERSÖNLICHEN FAVORITEN!

Ein leichtes und erfrischendes Gericht. Die Cashews bieten gesunde Fette, die Zitrone garantiert einen Vitamin-C-Kick. Eine perfekte Idee, Geschmack und Nährstoffe zu vereinen.

BANDNUDELN MIT ZITRONEN-CASHEW-CREME

- **Für 4 Portionen**
- **Zubereitungszeit:** 35 Minuten
- **Nährwerte pro Portion:** 514 kcal | 64 g Kohlenhydrate | 18 g Fett | 20 g Protein

ZUTATEN

100 g Cashewkerne
300 g Bandnudeln
2 Zucchini (ca. 600 g)
3 Knoblauchzehen
1 Bio-Zitrone
3 EL Hefeflocken
1 TL Knoblauchpulver
½ TL Salz
1 EL Olivenöl
Pfeffer aus der Mühle
1 Handvoll Basilikumblätter

ZUBEREITUNG

Die Cashewkerne in kochendem Wasser 12 Minuten garen. Anschießend abgießen. Die Bandnudeln in reichlich kochendem Salzwasser nach Packungsanweisung bissfest garen.

Währenddessen die Zucchini putzen, waschen und mit einem Sparschäler in dünne Streifen schneiden. Den Knoblauch schälen und in feine Würfel schneiden. Die Zitrone heiß waschen, abtrocknen und 1 TL der Schale abreiben. Anschließend die Zitrone halbieren und den Saft auspressen. Cashewkerne, 2 EL Zitronensaft, Hefeflocken, Knoblauchpulver und Salz in einem Standmixer zu einer homogenen Masse pürieren.

Die Nudeln nach dem Kochen abgießen und dabei etwa 150 ml des Nudelwassers auffangen.

Das Olivenöl in einer großen Pfanne erhitzen und den Knoblauch darin bei mittlerer Hitze kurz andünsten. Die Zucchini dazugeben und 3 bis 4 Minuten anbraten. Nudeln, restlichen Zitronensaft und Nudelwasser mit in die Pfanne geben.

Die Cashew-Creme einrühren, bis sie sich vollständig mit der Flüssigkeit vermischt hat. Nochmals kurz aufkochen lassen und anschließend mit Salz und Pfeffer würzen. Das frische Basilikum locker unter die Nudeln heben.

Der Linsen-Kartoffel-Eintopf ist wunderbar wärmend und gleichzeitig reich an pflanzlichem Protein und Ballaststoffen. Die Kombination aus Linsen und Kartoffeln gibt deinem Körper lang anhaltende Energie und wichtige Nährstoffe.

LINSEN-KARTOFFEL-EINTOPF

* **Für 4 Portionen**
* **Zubereitungszeit:** 35 Minuten
* **Nährwerte pro Portion:** 489 kcal | 95 g Kohlenhydrate | 5 g Fett | 24 g Protein

ZUTATEN

2 rote Zwiebeln
1 rote Paprikaschote
1 Zucchini
800 g festkochende Kartoffeln
2 Möhren
1 EL Olivenöl
1 l Gemüsebrühe
250 g getrocknete rote Linsen, gewaschen
500 g passierte Tomaten
½ TL getrockneter Rosmarin
½ TL Zimtpulver
½ TL Kurkumapulver
1 TL Knoblauchpulver
1 TL Sriracha-Sauce (alternativ: Chilipulver)
1 EL Zitronensaft
1 TL Ahornsirup
Salz, Pfeffer aus der Mühle
1 EL gehackte Petersilie

ZUBEREITUNG

Die Zwiebeln schälen und in feine Würfel schneiden. Die Paprikaschote längs halbieren, entkernen, waschen und würfeln. Die Zucchini putzen, waschen und ebenfalls in Würfel schneiden. Die Kartoffeln schälen, waschen und in mittelgroße Würfel schneiden. Die Möhren putzen, schälen und würfeln.

Das Olivenöl in einem großen Topf erhitzen und die Zwiebeln darin bei mittlerer Hitze andünsten. Anschließend Kartoffeln, Möhren, Zucchini und Paprika dazugeben und 5 Minuten mitbraten. Mit der Gemüsebrühe ablöschen.

Linsen, passierte Tomaten, Rosmarin, Zimt, Kurkuma, Knoblauchpulver, Sriracha-Sauce, Zitronensaft und Ahornsirup unter Rühren hinzufügen.

Die Suppe anschließend 15 bis 20 Minuten köcheln lassen, mit Salz und Pfeffer würzen und anschließend mit frischer Petersilie bestreut servieren.

Der Flammkuchen mit getrockneten Tomaten ist ein knuspriges Vergnügen mit einem Schuss des sekundären Pflanzenstoffs Lycopin. Die Tomaten liefern mit ihrer fruchtigen Note wertvolle Antioxidantien, die die Zellen schützen.

FLAMMKUCHEN MIT GETROCKNETEN TOMATEN

- **Für 4 Portionen**
- **Zubereitungszeit:** 30 Minuten + 30 Minuten Gehzeit
- **Nährwerte pro Portion:** 449 kcal | 42 g Kohlenhydrate | 21 g Fett | 20 g Protein

ZUTATEN

1 Würfel Hefe (42 g)
230 g Dinkelmehl Type 1050
½ TL Salz
1 rote Zwiebel
200 g Räuchertofu
50 g getrocknete Tomaten
1 EL Olivenöl
1 EL Sojasauce
150 g vegane Crème fraîche
150 g Natur-Sojajoghurt
Salz, Pfeffer aus der Mühle
3 EL gehackte Petersilie

ZUBEREITUNG

Die Hefe zerbröseln und mit 130 ml lauwarmem Wasser in einer großen Schüssel verrühren, bis sie sich vollständig aufgelöst hat. Mehl und Salz dazugeben und alle Zutaten zu einem glatten Teig kneten. Den Teig abdeckt an einem warmen Ort 30 Minuten gehen lassen.

Währenddessen die Zwiebel schälen, halbieren und in Scheiben schneiden. Den Räuchertofu sowie die getrockneten Tomaten in sehr kleine Würfel schneiden. Den Räuchertofu in eine Pfanne geben, mit dem Olivenöl beträufeln und rundum bei mittlerer Hitze so lange anbraten, bis er außen knusprig ist. Den Räuchertofu anschließend mit der Sojasauce ablöschen.

Die Crème fraîche und den Sojajoghurt in einer Schüssel miteinander verrühren. Den Backofen auf 200 °C Umluft vorheizen. Währenddessen den Teig in vier gleich große Stücke teilen und auf der bemehlten Arbeitsfläche flach ausrollen. Jeweils zwei Teigböden auf ein mit Backpapier ausgelegtes Backblech legen, mit der Crème-fraîche-Sojajoghurt-Mischung bestreichen und mit Salz und Pfeffer würzen.

Die Zwiebelscheiben, die Tomatenwürfel und den Räuchertofu gleichmäßig auf den Teigböden verteilen. Die Flammkuchen im Ofen auf der mittleren Schiene 10 bis 12 Minuten backen, bis der Teig goldbraun ist. Anschließend die frisch gehackte Petersilie auf den Flammkuchen verteilen und diese heiß servieren.

Eine wunderbare Pasta - herzhaft gemüsig! Die Kombination aus Brokkoli und Knoblauch zur Pasta liefert eine Fülle von Antioxidantien für das Immunsystem. Ein Genuss für den Gaumen und ein Garant für Gesundheit.

BROKKOLI-KNOBLAUCH-PASTA

- **Für 3 Portionen**
- **Zubereitungszeit:** 30 Minuten
- **Nährwerte pro Portion:** 523 kcal | 82 g Kohlenhydrate | 10 g Fett | 19 g Protein

ZUTATEN

2 rote Zwiebeln
4 Knoblauchzehen
1 Brokkoli
1 EL Olivenöl
2 EL Aceto balsamico
2 EL Sojasauce
300 ml Haferdrink (alternativ: Sojadrink)
400 ml Gemüsebrühe
250 g Sojasahne
1 TL getrockneter Oregano
½ TL Zwiebelpulver
1 EL Hefeflocken
Salz, Pfeffer aus der Mühle
300 g (Vollkorn-)Pasta

ZUBEREITUNG

Die Zwiebeln und den Knoblauch schälen und in feine Würfel schneiden. Den Brokkoli putzen, waschen und in kleine Röschen teilen. Das Olivenöl in einer Pfanne oder einem Topf erhitzen und die Zwiebeln und den Knoblauch darin bei mittlerer Hitze andünsten. Den Brokkoli dazugeben und kurz mitbraten.

Mit Aceto balsamico und Sojasauce ablöschen. Haferdrink, Gemüsebrühe und Sojasahne sowie Oregano, Zwiebelpulver und Hefeflocken hinzufügen. Alles mit Salz und Pfeffer würzen und mit geschlossenem Deckel bei schwacher Hitze unter gelegentlichem Rühren 12 bis 15 Minuten köcheln lassen.

Währenddessen die Pasta in reichlich kochendem Salzwasser nach Packungsanweisung bissfest garen. Anschließend abgießen und zur fertigen Sauce in den Topf geben. Bei schwacher Hitze unter Rühren kurz in der Sauce ziehen lassen. Anschließend auf tiefe Teller geben und sofort servieren.

Dieses Gericht ist ein wahre Geschmacksexplosion und dabei superschnell gemacht! In gerade mal 25 Minuten zauberst du ein herzhaftes und sättigendes Gericht auf den Tisch. Probiere es aus und lasse dich vom leckeren Geschmack und der Leichtigkeit der Zubereitung überraschen!

LINSEN-DAL

* **Für 2 Portionen**
* **Zubereitungszeit:** 25 Minuten
* **Nährwerte pro Portion:** 449 kcal | 63 g Kohlenhydrate | 6 g Fett | 32 g Protein

ZUTATEN

2 Tomaten
100 g Blattspinat (alternativ: TK)
200 g getrocknete rote Linsen, gewaschen
600 ml Gemüsebrühe
100 g Sojasahne (alternativ: Kokosmilch)
1 EL Currypulver
½ TL Paprikapulver rosenscharf
¼ TL Zimtpulver
½ TL getrockneter Koriander
¼ TL Ingwerpulver
½ TL Knoblauchpulver
Salz, Pfeffer aus der Mühle

ZUBEREITUNG

Die Tomaten waschen und in Würfel schneiden, dabei die Stielansätze entfernen. Den Spinat verlesen und waschen, die groben Stiele entfernen.

Die Tomaten, die Linsen und den tropfnassen Spinat zusammen mit Gemüsebrühe, Sojasahne, Currypulver, Paprikapulver, Zimt, Koriander, Ingwer- und Knoblauchpulver in einer großen Pfanne oder einem großen Topf bei mittlerer Hitze erhitzen.

Das Dal unter Rühren etwa 20 Minuten köcheln lassen. Dabei darauf achten, dass es nicht anbrennt, gegebenenfalls noch etwas Wasser hinzufügen. Anschließend auf Teller verteilen und servieren.

TIPP:
ALS BEILAGE ZUM LINSEN-DAL KANNST DU REIS, COUSCOUS ODER BULGUR SERVIEREN!

Das schnelle Dinkel-Vollkornbrot ist einfach nur lecker! Und dazu ist es reich an Ballaststoffen, die die Verdauung fördern. Das Dinkelmehl liefert zudem wichtige Nährstoffe wie Eisen, Zink und Magnesium.

SCHNELLES DINKEL-VOLLKORNBROT

- **Portion:** ergibt 1 Brotlaib (ca. 1000 g), ca. 20 Scheiben
- **Zubereitungszeit:** 70 Minuten
- **Nährwerte pro Scheibe:** 133 kcal | 16 g Kohlenhydrate | 4 g Fett | 6 g Protein

ZUTATEN

500 g Dinkelvollkornmehl (alternativ: Weizenvollkornmehl)
150 g Körner und Samen nach Wahl (z. B. Kürbiskerne, Chiasamen, Leinsamen, Sesamsamen)
2 TL Salz
1 Würfel Hefe (42 g)
2 ½ EL Apfelessig

ZUBEREITUNG

Den Backofen auf 180 °C Umluft vorheizen und eine Kastenform (ca. 30 cm) mit Backpapier auslegen.

Das Mehl, 125 g Körner und Samen sowie das Salz in einer Schüssel vermengen. Den Hefewürfel in die Schüssel bröckeln und den Apfelessig dazugeben. Anschließend ½ l Wasser nach und nach in die Schüssel geben und alle Zutaten zu einem (eher dickflüssigen) Teig vermischen.

Den Teig gleichmäßig in der Kastenform verteilen. Die restlichen Körner und Samen auf den Teig streuen und das Brot im Ofen auf der mittleren Schiene 50 bis 60 Minuten backen. Nach dem Backen vollständig abkühlen lassen und anschließend aus der Form nehmen.

TIPP:

PASSENDE BROTAUFSTRICHE ZU DIESEM LECKEREN SELBST GEMACHTEN BROT FINDEST DU AUF DEN FOLGENDEN SEITEN.

PAPRIKA-CASHEW-AUFSTRICH

- **Portion:** ergibt ca. 300 g
- **Zubereitungszeit:** 20 Minuten
- **Nährwerte pro 100 g:** 204 kcal | 13 g Kohlenhydrate | 13 g Fett | 6 g Protein

ZUTATEN

60 g Cashewkerne
1 Dattel, entsteint (alternativ: 1 TL Ahornsirup)
2 rote Paprikaschoten
1 EL Olivenöl
1 EL Tomatenmark
1 TL italienische Kräuter (alternativ: getrockneter Oregano)
¼ TL Chiliflocken
½ TL Salz
Pfeffer aus der Mühle

ZUBEREITUNG

Die Cashewkerne in kochendem Wasser 12 Minuten garen oder über Nacht einweichen. Anschließend abgießen. Die Dattel in eine Schüssel geben, mit kochendem Wasser übergießen und 12 Minuten einweichen lassen.

In der Zwischenzeit die Paprikaschoten längs halbieren, entkernen, waschen und in feine Würfel schneiden. Das Olivenöl in einer Pfanne erhitzen und die Paprikastücke darin bei mittlerer Hitze anbraten, bis sie weich werden. Cashewkerne, Dattel, Tomatenmark sowie Kräuter, Chiliflocken, Salz und Pfeffer in einem leistungsstarken Standmixer auf mittlerer Stufe zerkleinern, bis eine homogene Masse entsteht.

In einem geschlossenen Gefäß im Kühlschrank ist der Aufstrich rund 4 Tage haltbar.

AUFSTRICH MIT GETROCKNETEN TOMATEN

- **Portion:** ergibt ca. 250 g
- **Zubereitungszeit:** 20 Minuten
- **Nährwerte pro 100 g:** 264 kcal | 7 g Kohlenhydrate | 21 g Fett | 9 g Protein

ZUTATEN

60 g Sonnenblumenkerne
100 g getrocknete Tomaten in Kräutermarinade
1 TL Tomatenmark
1 EL Olivenöl
1 EL Apfelessig
2 Knoblauchzehen, geschält
1 EL gehacktes Basilikum
1 TL Paprikapulver rosenscharf
¼ TL Salz
Pfeffer aus der Mühle

ZUBEREITUNG

Die Sonnenblumenkerne in kochendem Wasser 15 Minuten garen oder über Nacht einweichen lassen. Anschließend abgießen.

Die Sonnenblumenkerne zusammen mit getrockneten Tomaten, Tomatenmark, Olivenöl, Apfelessig, Knoblauchzehen sowie Basilikum, Paprikapulver und Salz in einem leistungsstarken Standmixer auf mittlerer Stufe zerkleinern, bis eine leicht stückige Masse entsteht.

In einem verschließbaren Gefäß ist der Aufstrich im Kühlschrank etwa 4 Tage haltbar.

DATTEL-CURRY-AUFSTRICH

* **Portion:** ergibt ca. 300 g
* **Zubereitungszeit:** 20 Minuten
* **Nährwerte pro 100 g:** 205 kcal | 19 g Kohlenhydrate | 12 g Fett | 4 g Protein

ZUTATEN

80 g Datteln, entsteint
1 Knoblauchzehe, geschält
100 g Natur-Sojajoghurt
100 g vegane Crème fraîche
½ TL Paprikapulver rosenscharf
½ TL Currypulver
½ TL Salz

ZUBEREITUNG

Die Datteln in eine Schüssel geben, mit kochendem Wasser übergießen und 12 Minuten einweichen lassen. Anschließend zusammen mit Knoblauch, Sojajoghurt, Crème fraîche sowie Paprikapulver, Currypulver und Salz in einem leistungsstarken Standmixer auf mittlerer Stufe zerkleinern, bis eine homogene Masse entsteht.

Den Aufstrich anschließend in eine Schüssel geben und abgedeckt ein paar Stunden im Kühlschrank ziehen lassen. In einem verschließbaren Gefäß ist der Aufstrich im Kühlschrank etwa 4 Tage haltbar.

LINSEN-HUMMUS

- **Portion:** ergibt ca. 550 g
- **Zubereitungszeit:** 20 Minuten
- **Nährwerte pro 100 g:** 182 kcal | 17 g Kohlenhydrate | 7 g Fett | 10 g Protein

ZUTATEN

100 g getrocknete rote Linsen, gewaschen
1 Dose Kichererbsen (ca. 250 g; alternativ: 100 g getrocknete Kichererbsen, über Nacht eingeweicht)
1 Knoblauchzehe
5 EL weißes Tahin (Sesampaste)
1 EL Zitronensaft
½ TL Salz
½ TL Kreuzkümmelpulver
1 Handvoll Petersilie

ZUBEREITUNG

Die roten Linsen in kochendem Wasser 12 Minuten garen. Anschließend abgießen. Die Kichererbsen in ein Sieb abgießen, kalt abbrausen und abtropfen lassen. Alle Zutaten in in einem leistungsstarken Standmixer auf mittlerer Stufe zerkleinern, bis eine homogene Masse entsteht.

TIPP:

IDEAL ALS SNACK FÜR ZWISCHENDURCH UND DAZU EINE SUPER PROTEINBOMBE DANK DER LINSEN!

WOCHE 2

– Jetzt heißt es dranbleiben

Der Anfang ist gemacht - war doch gar nicht so schwer, oder? In Woche 2 geht es jetzt vor allem darum, mit leckeren Alternativen für Eier, Milch und Käse deine neue vegane Küche alltagsfit zu machen. Dafür musst du nicht immer teure Ersatzprodukte kaufen - veganen Käse (S. 94 bis 97) kannst du zum Beispiel ganz einfach selbst herstellen!

Zeit für herzhaften Rührtofu, begleitet von knusprigem Tempeh-Bacon. Tempeh bietet bei seinem intensiven Aroma reichlich pflanzliches Protein und Probiotika. Eine wunderbar wohlschmeckende und zugleich nährstoffreiche Mahlzeit.

RÜHRTOFU MIT TEMPEH-BACON

- **Für 2 Portionen**
- **Zubereitungszeit:** 20 Minuten
- **Nährwerte pro Portion:** 633 kcal | 20 g Kohlenhydrate | 28 g Fett | 42 g Protein

ZUTATEN

400 g Naturtofu
4 EL Olivenöl
1 Zwiebel
1 EL Sojasauce
1 TL Sriracha-Sauce (alternativ: Chilisauce)
½ TL Paprikapulver rosenscharf
1 TL Knoblauchpulver
¼ TL Kurkumapulver
¾ TL Kala Namak (alternativ: Salz)
2 EL Hefeflocken
2 EL Soja- oder Kokosjoghurt (optional)
Pfeffer aus der Mühle
200 g Tempeh
1 EL Sojasauce
1 EL Ahornsirup
1 TL Chilisauce (z. B. Sriracha-Sauce)
½ TL Zwiebelpulver
2 EL fein gehackte Petersilie (alternativ: Schnittlauch)

ZUBEREITUNG

Eine Pfanne erhitzen, den Tofu mit der Hand hineinbröseln, 3 EL Olivenöl darüberträufeln und den Tofu bei mittlerer Hitze unter gelegentlichem Rühren etwa 5 Minuten anbraten.

Währenddessen die Zwiebel schälen, in feine Würfel schneiden, zum Tofu in die Pfanne geben und 3 bis 5 Minuten mitbraten. Sojasauce, Sriracha-Sauce, Paprikapulver, Knoblauchpulver und Kurkumapulver in einer Schüssel vermengen. Die Gewürzmischung in die Pfanne geben und unter Rühren zusammen mit dem Tofu und der Zwiebel anbraten.

Das Kala Namak zusammen mit den Hefeflocken unterrühren und kurz erhitzen. Wenn der Rührtofu etwas cremiger sein soll, den veganen Joghurt unterrühren. Alles mit Pfeffer würzen.

Den Tempeh in dünne Scheiben schneiden. Sojasauce, Ahornsirup, Chilisauce und Zwiebelpulver in einer Schüssel zu einer Sauce verrühren. Das restliche Olivenöl in einer Pfanne erhitzen und die Tempeh-Scheiben darin auf jeder Seite bei mittlerer Hitze kurz anbraten. Die Sauce hinzufügen und so lange weiter anbraten, bis der Tempeh die Flüssigkeit aufgesogen hat und knusprig ist.

Den Rührtofu mit dem Tempeh-Bacon auf einem Teller anrichten. Zum Schluss noch etwas Schnittlauch oder Petersilie darübergeben und genießen.

TIPP:

NATÜRLICH KANNST DU AUCH NOCH VERSCHIEDENE GEMÜSESORTEN MIT IN DEN RÜHRTOFU GEBEN. TOMATENSTÜCKE, PAPRIKAWÜRFEL, FRÜHLINGS-ZWIEBELRINGE ODER AUCH CHAMPIGNONSCHEIBEN PASSEN GESCHMACKLICH SEHR GUT!

Erlebe die geschmeidige Konsistenz der veganen Mac & Cheese auf der Zunge! Die sahnige „Käse"-Sauce umhüllt perfekt die al dente gekochten Nudeln und sorgt für ein tolles Geschmackserlebnis ohne tierische Produkte.

VEGANE MAC & CHEESE

- **Für 4 Portionen**
- **Zubereitungszeit:** 35 Minuten
- **Nährwerte pro Portion:** 593 kcal | 87 g Kohlenhydrate | 14 g Fett | 22 g Protein

ZUTATEN

200 g mehligkochende Kartoffeln
1 Möhre
1 Zwiebel
3 Knoblauchzehen
150 g Blumenkohl
1 EL Olivenöl
Salz
1 TL Paprikapulver rosenscharf
70 g Cashewkerne (alternativ: Cashewmus)
400 g Makkaroni
180 ml Gemüsebrühe
3 ½ EL Hefeflocken
1 EL Apfelessig
Pfeffer aus der Mühle

ZUBEREITUNG

Den Backofen auf 180 °C Umluft vorheizen.

Die Kartoffeln schälen, waschen und in grobe Würfel schneiden. Die Möhre putzen, schälen und in Würfel schneiden. Die Zwiebel und den Knoblauch schälen und ebenfalls klein schneiden. Den Blumenkohl putzen, waschen und in Röschen zerteilen.

Anschließend den Blumenkohl zusammen mit Kartoffeln, Möhrenstückchen, Zwiebel und Knoblauch in eine Auflaufform geben und gleichmäßig mit Olivenöl beträufeln. Dann ½ TL Salz und das Paprikapulver darüberstreuen, alle Zutaten gut vermischen und anschließend im Ofen auf der mittleren Schiene 25 Minuten garen.

Währenddessen die Cashewkerne in kochendem Wasser 12 Minuten garen und anschließend abgießen. Die Makkaroni in reichlich kochendem Salzwasser nach Packungsanweisung garen.

Das gegarte Ofengemüse zusammen mit Cashewkernen, Gemüsebrühe, Hefeflocken und Apfelessig in einem leistungsstarken Standmixer so lange pürieren, bis eine sämige Sauce entsteht. Die Sauce mit Salz und Pfeffer würzen und gleichmäßig über den fertigen Makkaroni verteilen. In tiefen Tellern anrichten und sofort servieren.

Kartoffeln mit sonnengetrockneten Tomaten, Oliven und frischen Kräutern, dazu pflanzlicher Feta für eine würzige Note. Das delikate Gericht mit gesunden Fetten und Antioxidantien ist natürlich auch in zahlreichen Varianten denkbar – ein wundervoller Gaumenschmaus des Mittelmeers.

MEDITERRANER KARTOFFEL-SALAT MIT VEGANEM FETA

* **Für 4 Portionen**
* **Zubereitungszeit:** 45 Minuten
* **Nährwerte pro Portion:** 405 kcal | 53 g Kohlenhydrate | 15 g Fett | 10 g Protein

ZUTATEN

1 kg festkochende Kartoffeln
1 EL Olivenöl
1 TL Knoblauchpulver
½ TL Paprikapulver rosenscharf
¼ TL Salz
60 g getrocknete Tomaten
60 g schwarze Oliven (ohne Stein)
250 g braune Linsen (aus der Dose oder dem Glas)
1 Handvoll Basilikumblätter
2 EL Sonnenblumenkerne
½ veganer Feta (ca. 75 g)
1 TL getrockneter Oregano
Pfeffer aus der Mühle

ZUBEREITUNG

Den Backofen auf 180 °C Umluft vorheizen.

Die Kartoffeln schälen, waschen, in Würfel schneiden und in eine Auflaufform geben. Olivenöl, Knoblauchpulver, Paprikapulver und ¼ TL Salz dazugeben. Die Kartoffelwürfel darin wenden und im Ofen auf der mittleren Schiene 30 bis 35 Minuten garen.

Währenddessen die getrockneten Tomaten und die Oliven klein schneiden. Die Linsen in ein Sieb abgießen, kalt abbrausen und abtropfen lassen. Die Basilikumblätter waschen, trocken tupfen und klein hacken. Die Sonnenblumenkerne in einer Pfanne ohne Fett anrösten und abkühlen lassen.

Sobald die Kartoffeln fertig gegart sind, aus dem Ofen nehmen und etwas abkühlen lassen.

Tomatenstücke, Oliven, Linsen und gehackte Basilikumblätter in die Auflaufform geben, alles gut vermengen und den Feta darüber zerbröseln. Mit Oregano, Salz und Pfeffer würzen. Den Kartoffelsalat auf Tellern anrichten, mit den Sonnenblumenkernen bestreuen und sofort servieren.

Die zarte Textur des Tofus imitiert perfekt die Konsistenz von Eiern, die Zugabe von frischer Kresse verleiht eine würzige Frische. Mit einem cremigen veganen Mayonnaise-Dressing wird dieser Salat zum leichten, eiweißreichen Vergnügen, das alle Sinne anspricht und vor allem die Zunge verwöhnt.

„EIER"-SALAT MIT KRESSE

- **Portion:** ergibt ca. 400 g
- **Zubereitungszeit:** 5 Minuten
- **Nährwerte pro 100 g:** 153 kcal | 2 g Kohlenhydrate | 11 g Fett | 11 g Protein

ZUTATEN

150 g Seidentofu
200 g Naturtofu
3 EL vegane Mayonnaise
1 TL Kala Namak (Schwarzsalz)
1 TL Pfeffer aus der Mühle
1 EL Hefeflocken
¼ TL Kurkumapulver
1 EL Kresse

ZUBEREITUNG

Den Seidentofu in einem Sieb etwas abtropfen lassen und in kleine Würfel schneiden. Den Naturtofu in eine Schüssel zerbröseln und den Seidentofu hinzufügen.

Anschließend vegane Mayonnaise, Kala Namak, Pfeffer, Hefeflocken, Kurkuma und Kresse dazugeben und alle Zutaten gut miteinander vermengen.

TIPP:

KALA NAMAK (SCHWARZSALZ) VERLEIHT DIESEM BROTAUFSTRICH DEN TYPISCHEN „EI-GESCHMACK". ANSTELLE VON SEIDENTOFU KANNST DU AUCH UNGESÜSSTEN SOJAJOGHURT ODER VEGANE CRÈME FRAÎCHE VERWENDEN. DER „EIER"-SALAT SCHMECKT BESONDERS GUT AUF (VEGANEM) VOLLKORNTOAST!

Die „Käse"-Kartoffel-Taler mit Apfel-Feldsalat sind eine harmonische Verbindung von Gebratenem und Frischem. Kartoffeln enthalten komplexe Kohlenhydrate, während der Apfel-Feldsalat mit Vitaminen und Mineralstoffen punktet.

„KÄSE"-KARTOFFEL-TALER MIT APFEL-FELDSALAT

- **Für 2 Portionen**
- **Zubereitungszeit:** 35 Minuten
- **Nährwerte pro Portion:** 693 kcal | 75 g Kohlenhydrate | 37 g Fett | 13 g Protein

ZUTATEN

500 g mehligkochende Kartoffeln
4 EL Speisestärke
Salz
3 EL veganer Parmesan (siehe S. 94)
4 EL Olivenöl
150 g Feldsalat
1 Apfel
3 EL Pinienkerne
3 EL Aceto balsamico
Pfeffer aus der Mühle
4 EL veganer Reibekäse

ZUBEREITUNG

Die Kartoffeln schälen, waschen und in Würfel schneiden. Anschließend in reichlich kochendem Salzwasser 10 bis 12 Minuten garen.

Die gekochten Kartoffeln abgießen, in eine Schüssel geben und mit einer Gabel oder einem Kartoffelstampfer zerdrücken. Speisestärke und ½ TL Salz hinzufügen und den Kartoffelteig mit den Händen durchkneten.

Acht handflächengroße Taler formen, auf vier Talern mittig jeweils etwas geriebenen Parmesan platzieren, die restlichen Taler darauflegen und den Rand andrücken. In einer Pfanne 2 EL Olivenöl erhitzen und die Taler darin auf jeder Seite bei mittlerer Hitze goldbraun anbraten.

Den Feldsalat verlesen, waschen und trocken schleudern. Den Apfel vierteln, schälen, entkernen und in Scheiben schneiden. Den Feldsalat und die Apfelscheiben in eine Salatschüssel geben. Die Pinienkerne in einer Pfanne ohne Fett anrösten und abkühlen lassen.

Für das Salatdressing das restliche Olivenöl und den Aceto balsamico miteinander verrühren und mit Salz und Pfeffer würzen. Das Dressing gleichmäßig über den Salat geben und vorsichtig unterrühren. Den Salat auf Teller verteilen, jeweils zwei Taler auf dem Salatbett anrichten und mit den Pinienkernen und dem geriebenen Käse garnieren.

Verwöhne dich mit einer einfachen Pasta mit Cocktailtomaten und veganem Feta. Die frischen Aromen der Tomaten treffen auf die cremige Textur des veganen Fetakäses und schaffen ein wunderbares Gericht - leicht und lecker!

PASTA MIT COCKTAILTOMATEN UND VEGANEM FETA

- **Für 2 Portionen**
- **Zubereitungszeit:** 30 Minuten
- **Nährwerte pro Portion:** 839 kcal | 113 g Kohlenhydrate | 37 g Fett | 19 g Protein

ZUTATEN

1 veganer Feta
400 g Cocktailtomaten
1 milde Chilischote (alternativ: ½ TL Paprikapulver rosenscharf)
½ Zwiebel
2 Knoblauchzehen
3 EL Olivenöl
Salz, Pfeffer aus der Mühle
250 g Tagliatelle
1 Handvoll fein gehacktes Basilikum

ZUBEREITUNG

Den Backofen auf 180 °C Umluft vorheizen.

Den veganen Feta in der Mitte einer Auflaufform platzieren. Die Cocktailtomaten waschen, halbieren und gleichmäßig um den Käseblock verteilen.

Die Chilischote längs halbieren, entkernen und waschen. Die Zwiebel schälen und zusammen mit der Chilischote in feine Würfel schneiden. Den Knoblauch schälen, durch eine Knoblauchpresse drücken oder ebenfalls in kleine Würfel schneiden.

Zwiebel, Chili und Knoblauch auf dem veganen Feta verteilen. Das Olivenöl gleichmäßig darüberträufeln und den Feta mit Salz und Pfeffer würzen. Im Ofen auf der mittleren Schiene 20 Minuten backen.

Währenddessen die Tagliatelle in reichlich kochendem Salzwasser nach Packungsanweisung bissfest garen. Anschließend abgießen.

Sobald der vegane Feta fertig gegart ist, die Auflaufform aus dem Ofen nehmen. Die gekochten Nudeln dazugeben und gut mit dem Feta und den Tomaten vermengen.

Das Basilikum unter die Nudeln heben. Die Pasta auf tiefen Tellern anrichten und sofort servieren.

VEGANER PARMESAN

* **Portion:** ergibt ca. 125 g
* **Zubereitungszeit:** 5 Minuten
* **Nährwerte pro 100 g:** 497 kcal | 26 g Kohlenhydrate | 36 g Fett | 23 g Protein

ZUTATEN

100 g Cashewkerne
2 EL Hefeflocken
½ TL Knoblauchpulver
1 TL Salz

ZUBEREITUNG

Die Cashewkerne zusammen mit Hefeflocken, Knoblauchpulver und Salz in einem leistungsstarken Standmixer zerkleinern, bis die Zutaten die Struktur von herkömmlichem Parmesan annehmen.

Diese Parmesan-Alternative ist in einem geschlossenen Gefäß mehrere Wochen im Kühlschrank haltbar.

VEGANER MOZZARELLA

- **Portion:** ergibt ca. 300 g
- **Zubereitungszeit:** 10 Minuten + 2 Stunden Einweichzeit + 2 Stunden Ruhezeit
- **Nährwerte pro 100 g:** 178 kcal | 12 g Kohlenhydrate | 14 g Fett | 6 g Protein

ZUTATEN

100 g Cashewkerne
2 EL Flohsamenschalen
2 EL Zitronensaft
1 TL Salz

ZUBEREITUNG

Die Cashewkerne in eine Schüssel geben und mit heißem Wasser bedecken. In einer weiteren Schüssel die Flohsamenschalen mit 200 ml Wasser verrühren. Cashewkerne und Flohsamenschalen jeweils etwa 2 Stunden einweichen lassen. Das Wasser der Cashewkerne nach der Einweichzeit abgießen. Beim Einweichen der Flohsamenschalen entsteht eine geleeartige Masse.

Flohsamenschalen-Gelee, Cashewkerne, Zitronensaft und Salz in einem leistungsstarken Standmixer pürieren, bis eine homogene Masse entsteht. Jetzt die Mozzarella-Masse in eine kleine Schüssel geben und 2 Stunden im Kühlschrank ruhen lassen. Die Mozzarella-Masse nimmt während des Kühlprozesses die Form der Schüssel an – je runder also die Schüssel ist, desto runder ist auch die fertige Mozzarellakugel.

Der vegane Mozzarella eignet sich vor allem für die kalte Küche, z. B. für einen Insalata Caprese, denn anders als herkömmlicher Mozzarella schmilzt diese Käse-Alternative nicht beim Überbacken.

VEGANER HÜTTENKÄSE

- **Portion:** ergibt ca. 300 g
- **Zubereitungszeit:** 5 Minuten + mindestens 2 Stunden Ziehzeit
- **Nährwerte pro 100 g:** 113 kcal | 1 g Kohlenhydrate | 6 g Fett | 12 g Protein

ZUTATEN

200 g Naturtofu
1 Becher Natur-Sojajoghurt
1 EL Apfelessig
1 EL Hefeflocken
½ TL Salz
1 TL Zwiebelpulver
¼ TL Pfeffer aus der Mühle
2 EL Schnittlauchröllchen

ZUBEREITUNG

Den Tofu in einer Schüssel zerbröseln und mit Sojajoghurt, Apfelessig, Hefeflocken sowie Salz, Zwiebelpulver, Pfeffer und Schnittlauch gründlich vermengen.

Mindestens 2 Stunden, am besten aber über Nacht abgedeckt im Kühlschrank ziehen lassen.

Je länger die Hüttenkäse-Alternative zieht, desto besser entfaltet sich ihr Geschmack.

TIPP:

DIE KÄSESAUCE KANN ZUM ÜBERBACKEN VON AUFLÄUFEN UND PIZZA VERWENDET WERDEN, ABER AUCH ALS DIP FÜR EINEN GEMÜTLICHEN FERNSEHABEND MIT CHIPS ODER GEMÜSESTICKS.

VEGANE KÄSESAUCE

- **Portion:** ergibt ca. 300 g
- **Zubereitungszeit:** 10 Minuten
- **Nährwerte pro 100 g:** 166 kcal | 9 g Kohlenhydrate | 12 g Fett | 4 g Protein

ZUTATEN

250 g Sojasahne
5 EL Hefeflocken
½ TL Knoblauchgranulat
½ TL Zwiebelgranulat
½ TL Salz
2 EL (Tapioka-)Stärke
¼ TL geräuchertes Paprikapulver

ZUBEREITUNG

Alle Zutaten in einem Topf gut verrühren. Bei mittlerer Hitze und unter ständigem Rühren aufkochen, bis die Sauce andickt. Danach entweder als (Pasta-)Sauce weiterverarbeiten, zum Überbacken über Aufläufe, Pizza usw. geben oder als Dip verwenden.

Ein traditioneller Kaiserschmarren, vegan interpretiert! Diese luftige Leckerei aus pflanzlichen Zutaten bietet eine köstliche Portion Kohlenhydrate und einen Hauch von süßer Verführung. Perfekt für gemütliche Momente.

KAISERSCHMARREN

- **Für 2 Portionen**
- **Zubereitungszeit:** 30 Minuten
- **Nährwerte pro Portion:** 680 kcal | 114 g Kohlenhydrate | 16 g Fett | 15 g Protein

ZUTATEN

½ reife Banane, geschält (alternativ: 30 g Apfelmark)
¼ l Haferdrink
6 EL Ahornsirup
200 g Dinkelmehl Type 1050
2 TL Backpulver
1 Prise Salz
3 EL Rosinen (optional)
120 ml Kichererbsenwasser von 1 Dose Kichererbsen (Aquafaba)
2 EL Öl zum Ausbacken (alternativ: vegane Butter)

ZUBEREITUNG

Die Banane in einer großen Schüssel mit einer Gabel zerdrücken. Haferdrink und Ahornsirup dazugeben und gut mit der Banane vermischen. Nach und nach das Mehl unterrühren und Backpulver, Salz und Rosinen hinzufügen.

Das Kichererbsenwasser (Aquafaba) mit dem Rührgerät steif schlagen und vorsichtig unter den Teig heben.

Das Öl in einer beschichteten Pfanne erhitzen, den Teig dazugeben und gleichmäßig in der Pfanne verteilen. Mit geschlossenem Deckel bei mittlerer Hitze etwa 5 bis 8 Minuten backen.

Den Teig mit einem Pfannenwender vierteln und anschließend die einzelnen Stücke wenden. Den Kaiserschmarren nochmals mit geschlossenem Deckel 3 bis 4 Minuten backen. Die Viertel anschließend in grobe Stücke zerkleinern, nochmals wenden und kurz ausbacken, bis der Kaiserschmarren eine goldbraune Farbe hat.

TIPP:

ICH BESTREUE DEN KAISERSCHMARREN GERNE MIT PUDERZUCKER UND SERVIERE IHN MIT ETWAS APFELMARK!

Verwende überreife Bananen sinnvoll und backe ein saftiges Bananenbrot! Ein einfaches Rezept mit einer verführerischen Kombination aus Süße und Nussigkeit, perfekt für eine gemütliche Kaffeepause.

BANANENBROT

- **Portion:** ergibt ca. 12 Scheiben
- **Zubereitungszeit:** 15 Minuten + 50–60 Minuten Backzeit
- **Nährwerte pro Scheibe:** 205 kcal | 24 g Kohlenhydrate | 10 g Fett | 4 g Protein

ZUTATEN

4–5 reife Bananen, geschält
100 g Dinkelvollkornmehl
100 g Dinkelmehl Type 630
5 EL zartschmelzende Haferflocken
2 TL Backpulver
½ TL Zimtpulver
1 Prise Salz
60 ml geschmacksneutrales Öl (z. B. Rapsöl oder Keimöl)
80 ml Pflanzendrink
3 EL gehackte Pekannusskerne (alternativ: Walnusskerne)
4 EL Zartbitter-Schokodrops
1 EL gehackte Mandeln

ZUBEREITUNG

Den Backofen auf 160 °C Umluft vorheizen.

Die Bananen in einer großen Schüssel mit einer Gabel zerdrücken. Dinkelvollkornmehl, Dinkelmehl, Haferflocken, Backpulver sowie Zimt und Salz gründlich miteinander vermengen. Zusammen mit dem Öl und dem Pflanzendrink zu den Bananen geben und alle Zutaten gut vermischen, bis ein glatter Teig entsteht.

Die Nüsse zusammen mit 25 g Schokodrops unter den Teig rühren.

Eine Kastenform (24 × 10 cm) mit Backpapier auslegen und den Teig gleichmäßig darin verteilen.

Die restlichen Schokodrops und die gehackten Mandeln auf den Teig streuen. Das Bananenbrot im Ofen auf der mittleren Schiene 50 bis 60 Minuten backen.

Ein süßes Vergnügen mit gesunden Zutaten sind diese Pfannkuchen mit Haselnuss-Dattel-Creme. Haselnüsse liefern gute Fette und Datteln sorgen für natürliche Süße.

PFANNKUCHEN MIT HASELNUSS-DATTEL-CREME

- **Portion:** ergibt ca. 6 Pfannkuchen und 250 g Creme; 1 Portion: 1 Pfannkuchen mit 2 EL Creme
- **Zubereitungszeit:** 30 Minuten
- **Nährwerte pro Portion:** 264 kcal | 33 g Kohlenhydrate | 11 g Fett | 7 g Protein

ZUTATEN

Für die Füllung:

150 g Haselnusskerne
100 g Datteln, entsteint
2 EL Kakaopulver
½ TL Vanilleextrakt
¼ TL Salz

Für den Teig:

200 g Weizenmehl Type 405
½ TL Backpulver
1 Prise Salz
300 ml Haferdrink
100 ml Mineralwasser
60 g Apfelmark
60 g Zucker (optional)
2 EL Öl zum Ausbacken (alternativ: vegane Butter)

ZUBEREITUNG

Den Backofen auf 170 °C Umluft vorheizen. Für die Füllung die Haselnüsse auf ein mit Backpapier ausgelegtes Backblech geben und im Ofen auf der mittleren Schiene 12 Minuten rösten. Die Datteln in eine kleine Schüssel geben, mit heißem Wasser bedecken und 12 Minuten einweichen lassen.

Für den Teig Mehl, Backpulver und Salz in einer Schüssel vermengen. Haferdrink, Mineralwasser und Apfelmark dazugeben und mit einem Schneebesen zu einem glatten Teig verrühren. Für süße Pfannkuchen sollte noch ein Süßungsmittel hinzugefügt werden, beispielsweise 60 g Zucker. Den Teig anschließend 15 Minuten ruhen lassen.

Die Haselnüsse in einem Standmixer in 5 bis 10 Minuten zu Mus pürieren. Dabei die Nüsse immer wieder vom Rand lösen und nach unten schieben. Die Datteln abgießen, dabei etwa 80 ml des Einweichwassers auffangen.

Kakao, Vanilleextrakt und Salz zusammen mit dem Einweichwasser der Datteln zum Haselnussmus geben und alles zu einer homogenen Masse pürieren. Gegebenenfalls Wasser hinzufügen, bis die gewünschte Konsistenz erreicht ist. In einer beschichteten Pfanne etwas Öl erhitzen. Einen Schöpflöffel Teig in die Pfanne geben, durch leichtes Schwenken gleichmäßig darin verteilen und bei mittlerer Hitze backen. Wenn der Teig oben nicht mehr feucht ist und Blasen wirft, den Pfannkuchen mithilfe eines Pfannenwenders wenden und so lange ausbacken, bis beide Seiten goldgelb gebräunt sind. Den Vorgang wiederholen, bis der Teig aufgebraucht ist.

Zum Warmhalten die Pfannkuchen am besten auf einem vorgewärmten Teller übereinanderstapeln und mit einem ebenfalls vorgewärmten Teller bedecken.

Zum Schluss die Pfannkuchen gleichmäßig mit der Haselnuss-Dattel-Creme bestreichen, zusammenrollen und auf Tellern anrichten.

TIPP:

DIE RESTLICHE HASELNUSS-CREME KANNST DU IN EIN SCHRAUBGLAS GEBEN – IM KÜHLSCHRANK HÄLT SIE 14 TAGE!

Der Apfel-Hafer-Kuchen ist eine wahre Gaumenfreude, reich an Ballaststoffen und Vitaminen. Die Äpfel bringen nicht nur eine fruchtige Note, sondern auch Antioxidantien und wichtige Mikronährstoffe.

APFEL-HAFER-KUCHEN

- **Portion:** ergibt ca. 9 Stücke
- **Zubereitungszeit:** 15 Minuten + 30–40 Minuten Backzeit
- **Nährwerte pro Stück:** 160 kcal | 22 g Kohlenhydrate | 5 g Fett | 5 g Protein

ZUTATEN

1 ½ Äpfel
1 reife Banane, geschält
160 g zartschmelzende Haferflocken
300 ml Haferdrink
2 ½ EL Erdnussmus
3 EL geschrotete Leinsamen
1 TL Backpulver
4 EL Ahornsirup
1 TL Vanilleextrakt
½ TL Zimtpulver
1 Prise Salz

ZUBEREITUNG

Den Backofen auf 180 °C Umluft vorheizen. Die Äpfel waschen, vierteln und entkernen. Vier Apfelviertel in kleine Stücke und zwei in dünne Scheiben schneiden. Die Banane in eine Schüssel geben und mit einer Gabel zerdrücken.

Haferflocken, Haferdrink, Erdnussmus, geschroteten Leinsamen, Backpulver sowie Ahornsirup, Vanilleextrakt, Zimt und Salz mit der Banane vermengen. Anschließend die Apfelstücke unterheben.

Danach den Teig in eine mit Backpapier ausgelegte Auflaufform (20 × 20 cm) geben. Zum Schluss die Apfelscheiben gleichmäßig auf dem Teig verteilen.

Den Kuchen im Ofen auf der mittleren Schiene 30 bis 40 Minuten backen.

TIPP:

DEN KUCHEN UNBEDINGT NOCH LAUWARM GENIESSEN, DANN IST ER BESONDERS LECKER! UND WER ES SÜSSER MÖCHTE, KANN ÜBER DEN FERTIGEN APFEL-HAFER-KUCHEN NOCH ETWAS AHORNSIRUP GEBEN.

WOCHE 3

– Fleischlos glücklich

Es gibt viele gute Gründe, Fleisch und Wurst vom Speiseplan zu streichen. Deswegen muss man aber noch lange nicht auf so leckere Dinge wie Lasagne, Döner oder Gyros verzichten! Wie das geht?! Zeig ich dir in dieser Woche! Und zu deftigen Gerichten gehören natürlich auch die passenden Beilagen (S. 130 bis 134), die du ganz nach Herzenslust dazu kombinieren kannst.

Die Partysuppe ist eine herzhafte Kombination aus Gemüse und Gewürzen. Sie schmeckt wahnsinnig gut und dazu punktet sie noch mit Ballaststoffen und Vitaminen. Eine perfekte Wahl für gesellige Anlässe.

PARTYSUPPE

- **Für 4 Portionen**
- **Zubereitungszeit:** 25 Minuten
- **Nährwerte pro Portion:** 311 kcal | 21 g Kohlenhydrate | 10 g Fett | 25 g Protein

ZUTATEN

1 Zwiebel
200 g Champignons
2 rote Paprikaschoten
1 Dose Mais
(ca. 300 g Abtropfgewicht)
1 EL Olivenöl
350 g veganes Hack
Salz, Pfeffer aus der Mühle
½ l Gemüsebrühe
500 g passierte Tomaten
100 g Natur-Sojajoghurt
(alternativ: Skyr oder Soja-sahne)
1 TL Paprikapulver rosenscharf
1 TL Knoblauchpulver
1 TL getrockneter Oregano
1 TL getrocknetes Basilikum
2 EL Hefeflocken
5 EL veganer Reibekäse

ZUBEREITUNG

Die Zwiebel schälen und in feine Würfel schneiden. Die Champignons putzen und in Scheiben schneiden. Die Paprikaschoten längs halbieren, entkernen, waschen und in Würfel schneiden. Den Mais in ein Sieb abgießen, kalt abbrausen und abtropfen lassen.

Das Olivenöl in einer großen Pfanne erhitzen und die Zwiebelwürfel darin bei mittlerer Hitze glasig dünsten. Das vegane Hack dazugeben und 5 Minuten anbraten. Champignons, Paprikaschoten und Mais mit in die Pfanne geben und kurz mitbraten. Mit Salz und Pfeffer würzen.

Mit Gemüsebrühe ablöschen und passierte Tomaten, Sojajoghurt, Paprika- und Knoblauchpulver sowie Oregano und Basilikum dazugeben und alles gut verrühren. Die Partysuppe 10 Minuten köcheln lassen.

Die Hefeflocken unterrühren und die Suppe nochmals mit Salz und Pfeffer würzen. Mit veganem Reibekäse garniert servieren.

TIPP:
BESONDERS LECKER SCHMECKT DAZU FRISCHES, KNUSPRIGES BAGUETTE!

Der Pulled-Tofu-Burger mit Krautsalat ist ein echter Proteinlieferant, denn Tofu hat jede Menge davon. Der Krautsalat gibt dem Ganzen eine fantastische Frische und eine knackige Textur.

PULLED-TOFU-BURGER MIT KRAUTSALAT

- **Für 4 Portionen**
- **Zubereitungszeit:** 60 Minuten
- **Nährwerte pro Portion:** 642 kcal | 60 g Kohlenhydrate | 28 g Fett | 30 g Protein

ZUTATEN

1 kleiner Rotkohl (500 g)
150 g Möhren
1 Zwiebel
1 Frühlingszwiebel
1 Chilischote
½ Apfel
4 EL Olivenöl
6 EL Apfelessig
1 EL Ahornsirup
2 TL Knoblauchpulver
2 TL Paprikapulver rosenscharf
½ TL Korianderpulver
60 g Natur-Sojajoghurt
Salz, Pfeffer aus der Mühle
3 EL gehackte Mandeln
1 Handvoll fein gehackte Petersilie
400 g Räuchertofu
1 EL Sojasauce
80 g vegane BBQ-Sauce
4 (Vollkorn-)Burger-Buns

ZUBEREITUNG

Vom Rotkohl die äußeren Blätter entfernen, den Kohl vierteln und den harten Strunk entfernen. Den Kohl in feine Streifen schneiden. Die Möhren putzen, schälen und klein schneiden. Die Zwiebel schälen und in feine Würfel schneiden. Die Frühlingszwiebel putzen, waschen und in feine Ringe schneiden. Die Chilischote längs halbieren, entkernen, waschen und fein hacken. Die Apfelhälfte schälen, halbieren, entkernen und fein reiben. Rotkohl, Möhren, Zwiebel, Frühlingszwiebel, Chilischote und Apfel in einer Schüssel gut vermengen.

Für das Dressing 3 EL Olivenöl, Apfelessig, Ahornsirup, je 1 TL Knoblauch- und Paprikapulver, Koriander und Sojajoghurt gut miteinander vermischen. Mit Salz und Pfeffer würzen und über den Krautsalat geben. Die gehackten Mandeln und die Petersilie hinzufügen und locker unterheben.

Den Tofu auf einer Küchenreibe in feine Stücke raspeln. Die Sojasauce mit je 1 TL Knoblauch- und Paprikapulver in einer Schüssel vermengen und den geraspelten Tofu darin einlegen. In einer Pfanne 1 EL Olivenöl erhitzen und den Tofu darin bei mittlerer Hitze 6 bis 8 Minuten anbraten, bis er leicht knusprig wird. Mit der BBQ-Sauce und einer halben Tasse Wasser ablöschen.

Die Burger-Buns im Toaster, im Backofen oder auf dem Grill kurz erwärmen, anschließend die Brötchen quer halbieren. Die unteren Brötchenhälften mit dem Krautsalat und dem Pulled Tofu belegen, die oberen Brötchenhälften darauflegen und kurz andrücken.

TIPP:

WER DEN RAUCHIGEN GESCHMACK MAG, GIBT NOCH ETWAS VON DER VEGANEN BBQ-SAUCE DIREKT AUF DEN BURGERBELAG! UND NATÜRLICH KANNST DU DEINEN BURGER AUCH NOCH MIT VEGANEM CHEDDAR TOPPEN – DIE SCHEIBE „KÄSE“ DANN AM BESTEN DIREKT AUF DAS PULLED TOFU GEBEN, DAMIT SIE LEICHT SCHMILZT!

Wie wär's mit Vurstsalat, einer veganen Version des traditionellen Wurstsalats? Die pflanzliche Alternative kann locker mithalten mit der charakteristischen Wurstnote und hat auch viele Proteine und gesunde Fette.

VURSTSALAT

* **Für 2 Portionen**
* **Zubereitungszeit:** 15 Minuten
* **Nährwerte pro Portion:** 318 kcal | 11 g Kohlenhydrate | 18 g Fett | 25 g Protein

ZUTATEN

400 g Räuchertofu
1 rote Zwiebel
150 g Essiggurken
4 EL Apfelessig
1 TL Ahornsirup
1 EL Sojasauce
1 EL Olivenöl
1 EL (Dijon-)Senf
1 EL gehackte Petersilie
Salz, Pfeffer aus der Mühle

ZUBEREITUNG

Den Räuchertofu in dünne Streifen schneiden. Die Zwiebel schälen, halbieren und in Scheiben schneiden. Die Essiggurken in dünne Scheiben schneiden.

Räuchertofu, Zwiebel und Essiggurken mit Apfelessig, Ahornsirup, Sojasauce, Olivenöl und Senf in einer Schüssel gut vermischen.

Die Petersilie hinzufügen und den Salat mit Salz und Pfeffer würzen.

TIPP:

AM BESTEN SCHMECKT DER VURSTSALAT, WENN DU IHN 2 BIS 3 STUNDEN IM KÜHLSCHRANK DURCHZIEHEN LÄSST. UND: DAS SCHNELLE DINKEL-VOLLKORNBROT (S. 74) MIT VEGANER BUTTER UND FRISCHEM SCHNITTLAUCH PASST SUPER DAZU!

Linsen-Bolognese ist eins meiner absoluten Lieblingsrezepte. Sie ist eine schmackhafte Alternative zu herkömmlicher Bolognese und dazu noch reich an pflanzlichem Protein und Ballaststoffen. Die Linsen sorgen für eine leckere Textur und enthalten gleichzeitig viele wichtige Nährstoffe wie Eisen und Zink.

LINSEN-BOLOGNESE

* **Für 2 Portionen**
* **Zubereitungszeit:** 30 Minuten
* **Nährwerte pro Portion:** 741 kcal | 119 g Kohlenhydrate | 14 g Fett | 32 g Protein

ZUTATEN

100 g getrocknete rote Linsen
½ Zwiebel
2 Knoblauchzehen
2 Möhren
1 EL Olivenöl
¼ l Gemüsebrühe
4 EL Tomatenmark
1 TL getrockneter Oregano
¼ TL Kurkumapulver
200 g (Vollkorn-)Spaghetti
500 g passierte Tomaten
2 EL Sojasauce
1 EL Apfelessig
2 EL Natur-Kokosjoghurt (alternativ: Sojajoghurt)
1 TL Ahornsirup
¼ TL Zimtpulver
1 TL Paprikapulver rosenscharf
Salz, Pfeffer aus der Mühle

ZUBEREITUNG

Die Linsen in ein Sieb abgießen und waschen. Die Zwiebel und den Knoblauch schälen und in feine Würfel schneiden. Die Möhren putzen, schälen und ebenfalls in feine Würfel schneiden. Das Olivenöl in einer Pfanne erhitzen und die Zwiebel darin bei mittlerer Hitze glasig dünsten. Knoblauch und Möhren dazugeben und kurz anbraten.

Die Linsen in die Pfanne geben und kurz erhitzen. Mit Gemüsebrühe ablöschen. Tomatenmark, Oregano und Kurkuma dazugeben und alles 8 bis 10 Minuten köcheln lassen.

Währenddessen die Spaghetti in reichlich kochendem Salzwasser nach Packungsanweisung garen.

Passierte Tomaten, Sojasauce, Apfelessig, Kokosjoghurt sowie Ahornsirup, Zimt und Paprikapulver zur Sauce geben und diese nochmals aufkochen lassen. Mit Salz und Pfeffer würzen. Die Spaghetti abgießen und auf Tellern mit der Sauce anrichten.

TIPP:

WER MAG, KANN BEIM ABLÖSCHEN DER SAUCE AUCH EINEN SCHUSS ROTWEIN DAZUGEBEN! UND IDEAL DAZU PASST NATÜRLICH AUCH DER VEGANE PARMESAN VON SEITE 94!

Kohlrabi-Schnitzel mit schwäbischem Kartoffelsalat sind eine leichte und dennoch sättigende Mahlzeit. Kohlrabi enthält viel Vitamin C, während die Kartoffeln eine gute Quelle für komplexe Kohlenhydrate sind.

KOHLRABI-SCHNITZEL MIT SCHWÄBISCHEM KARTOFFELSALAT

- **Für 4 Portionen**
- **Zubereitungszeit:** 40 Minuten
- **Nährwerte pro Portion:** 545 kcal | 51 g Kohlenhydrate | 20 g Fett | 13 g Protein

ZUTATEN

1 kg festkochende Kartoffeln
2 Kohlrabi (ca. 800 g)
70 ml Haferdrink
1 TL scharfer Senf
3 EL Dinkelmehl Type 1050
½ TL Paprikapulver rosenscharf
5 EL (Vollkorn-)Paniermehl
1 EL Hefeflocken
Salz, Pfeffer aus der Mühle
1 kleine Zwiebel
8 EL Weißweinessig
150 ml Gemüsebrühe
4 EL Rapsöl
2–3 EL Öl zum Ausbacken
1 EL gehackte Petersilie

ZUBEREITUNG

Die Kartoffeln mit der Schale gründlich waschen und in reichlich Salzwasser etwa 25 Minuten kochen. Den Kohlrabi putzen, schälen, in jeweils vier etwa 1 cm dicke Scheiben schneiden und in Salzwasser 8 bis 10 Minuten garen.

Währenddessen Haferdrink, Senf, Dinkelmehl und Paprikapulver in einer flachen Schale zu einer Marinade vermischen. Paniermehl und Hefeflocken in einer weiteren flachen Schale vermengen.

Die Kohlrabischeiben aus dem Topf nehmen, mit einem Küchentuch trocken tupfen und mit Salz und Pfeffer würzen. In der Marinade mehrfach wenden. Anschließend in das Paniermehl legen, gleichmäßig damit bedecken und die Panade auf beiden Seiten gut andrücken.

Die Kartoffeln nach Ende der Garzeit abgießen, ausdampfen lassen und möglichst heiß pellen. Anschließend in Scheiben schneiden und in eine Salatschüssel geben. Die Zwiebel schälen und in feine Würfel schneiden. Essig und Gemüsebrühe hinzufügen und mit den Kartoffeln vermengen. Das Rapsöl dazugeben und den Kartoffelsalat so lange umrühren, bis er die gewünschte Konsistenz hat. Mit Salz und Pfeffer würzen. Mindestens 30 Minuten ziehen lassen.

In der Zwischenzeit das Öl in der Pfanne erhitzen und die Kohlrabi-Schnitzel darin auf jeder Seite bei mittlerer Hitze 3 bis 4 Minuten anbraten.

Die Kohlrabi-Schnitzel mit dem Kartoffelsalat auf den Tellern anrichten und mit etwas frischer Petersilie garniert servieren.

Erlebe die leckere Komposition eines Chili sin Carne! Vollgepackt mit Bohnen, Gemüse und einer aromatischen Gewürzmischung, ist dieses Gericht herzhaft, sättigend und proteinreich.

CHILI SIN CARNE

- **Für 2 Portionen**
- **Zubereitungszeit:** 35 Minuten
- **Nährwerte pro Portion:** 619 kcal | 101 g Kohlenhydrate | 8 g Fett | 27 g Protein

ZUTATEN

1 Zwiebel
1 rote Paprikaschote
2 Tomaten
2 Knoblauchzehen
1 EL Olivenöl
2 EL Tomatenmark
300 ml Gemüsebrühe
500 g passierte Tomaten
1 EL Apfelessig (alternativ: Zitronensaft)
1 TL Ahornsirup
1 Dose Kidneybohnen (ca. 250 g Abtropfgewicht)
1 Dose Mais (ca. 300 g Abtropfgewicht)
¼ TL Kurkumapulver
¼ TL Kreuzkümmelpulver
1 TL Paprikapulver rosenscharf
1 EL Sriracha-Sauce (alternativ: Chilipulver)
¼ TL Zimtpulver
Salz, Pfeffer aus der Mühle
100 g Bulgur

ZUBEREITUNG

Die Zwiebel schälen und in feine Würfel schneiden. Die Paprikaschote längs halbieren, entkernen, waschen und in Würfel schneiden. Die Tomaten waschen und in Würfel schneiden, dabei die Stielansätze entfernen. Die Knoblauchzehen schälen und durch eine Knoblauchpresse drücken oder in feine Würfel schneiden.

Das Olivenöl in einem großen Topf erhitzen und die Zwiebelwürfel darin bei mittlerer Hitze andünsten. Paprikaschote, Tomaten, Knoblauch, und Tomatenmark dazugeben und anbraten. Mit der Gemüsebrühe und den passierten Tomaten ablöschen.

Apfelessig und Ahornsirup hinzufügen und kurz aufkochen lassen. Kidneybohnen und Mais dazugeben. Mit Kurkuma, Kreuzkümmel, Paprikapulver, Sriracha-Sauce, Zimt sowie Salz und Pfeffer würzen.

Den Bulgur in den Topf geben und alles zusammen 25 Minuten köcheln lassen. Das Chili in tiefen Tellern oder Schalen servieren.

TIPP:

GETOASTETES BAGUETTE PASST HERVORRAGEND ZUM CHILI SIN CARNE! UND EIN SUPER PARTYGERICHT IST ES NOCH DAZU!

Marinierte Tofustücke werden auf knusprigem Fladenbrot mit frischem Gemüse serviert und mit einer würzigen Sauce abgerundet. Die pflanzliche Variante des beliebten Klassikers ist nicht nur schmackhaft, sondern liefert auch eine gute Portion Protein. Eine tolle Rezeptidee, die den Döner ganz neu interpretiert.

TOFU-DÖNER

- **Für 2 Portionen**
- **Zubereitungszeit:** 35 Minuten
- **Nährwerte pro Portion:** 656 kcal | 51 g Kohlenhydrate | 28 g Fett | 43 g Protein

ZUTATEN

1 EL Sojasauce
3 EL Olivenöl
1 ½ EL Tomatenmark
1 TL Paprikapulver rosenscharf
¼ TL Kreuzkümmelpulver
1 TL Zwiebelpulver
1 TL Knoblauchpulver
1 TL getrockneter Oregano
½ TL getrockneter Thymian
½ TL getrockneter Majoran
1 TL Pfeffer aus der Mühle
400 g Räuchertofu
1 Knoblauchzehe
150 g Natur-Sojajoghurt
1 TL Chilisauce
1 EL Zitronensaft
½ TL Salz
½ Zwiebel
1 Tomate
¼ Salatgurke
¼ Rotkohl
1 Fladenbrot (alternativ: 2 Pitabrote)

ZUBEREITUNG

Für die Marinade Sojasauce, 2 EL Olivenöl, 1 EL Tomatenmark, Paprikapulver, Kreuzkümmel, Zwiebel- und Knoblauchpulver, Oregano, Thymian, Majoran und Pfeffer in einer Schüssel vermengen.

Den Räuchertofu in sehr dünne Scheiben schneiden und in der Marinade einlegen. Darauf achten, dass alle Tofustücke gut mit Marinade bedeckt sind.

Für die Sauce die Knoblauchzehe schälen und in feine Würfel schneiden. Sojajoghurt, Knoblauch, ½ EL Tomatenmark, Chilisauce, Zitronensaft und Salz in einer Schüssel vermengen.

Die Zwiebel schälen und in dünne Ringe schneiden. Die Tomate waschen und in Scheiben schneiden, dabei den Stielansatz entfernen. Die Gurke waschen und in Scheiben schneiden. Vom Rotkohl die äußeren Blätter und den harten Strunk entfernen. Den Kohl in feine Streifen schneiden.

Das restliche Olivenöl in einer Pfanne erhitzen und den Räuchertofu darin bei mittlerer Hitze in etwa 10 Minuten goldbraun anbraten. Das Fladenbrot im Backofen kurz aufwärmen, halbieren und so aufschneiden, dass jede Hälfte wie eine Tasche befüllt werden kann.

In das Innere des Fladenbrots etwas Sauce geben und das Brot mit Räuchertofu und Gemüse füllen. Zum Schluss nochmals etwas Sauce auf die Füllung geben.

Diese vegane Lasagne begeistert garantiert alle deine Gäste - auch Nicht-Veganer! Wenn du also jemanden überzeugen möchtest, dass vegane Ernährung lecker ist, solltest du dieses Gericht unbedingt kochen.

LASAGNE

- **Für 4 Portionen**
- **Zubereitungszeit:** 30 Minuten + 40 Minuten im Ofen
- **Nährwerte pro Portion:** 497 kcal | 66 g Kohlenhydrate | 14 g Fett | 26 g Protein

ZUTATEN

120 g feine Sojaschnetzel (alternativ: 80 g Sonnenblumenhack)
1 Zwiebel
2 Möhren
1 Stange Staudensellerie
4 EL Sojasauce
1 EL Apfelessig
2 ½ TL Paprikapulver rosenscharf
1 ½ TL Knoblauchgranulat
1 TL Sriracha-Sauce (alternativ: Chilipulver)
2 EL Olivenöl
4 EL Tomatenmark
¼ l Gemüsebrühe
500 g passierte Tomaten
1 TL getrockneter Oregano
1 TL gehacktes Basilikum
1 Prise Zimtpulver
Salz, Pfeffer aus der Mühle
1 Schuss Pflanzendrink
9–12 Lasagneplatten
100 g Sojasahne
100 g veganer Reibekäse

ZUBEREITUNG

Die Sojaschnetzel in eine Schüssel geben, mit heißem Wasser übergießen und 5 bis 10 Minuten einweichen.

In der Zwischenzeit die Zwiebel schälen und in feine Würfel schneiden. Die Möhren putzen, waschen und klein schneiden. Den Staudensellerie putzen, waschen und in Scheiben schneiden. 3 EL Sojasauce, Apfelessig, 2 TL Paprikapulver, 1 TL Knoblauchgranulat und etwas Sriracha-Sauce in einer Schüssel vermischen.

Die eingeweichten Sojaschnetzel in ein Sieb abgießen und die Flüssigkeit gut ausdrücken.

In einer Pfanne 1 EL Olivenöl erhitzen und Zwiebel, Möhren und Staudensellerie kurz darin bei mittlerer Hitze andünsten. Die Sojaschnetzel dazugeben und 5 Minuten mitbraten. Das Tomatenmark hinzufügen, kurz mit anrösten und anschließend mit der Gemüsebrühe ablöschen. Die passierten Tomaten und 1 EL Sojasauce sowie ½ TL Paprikapulver, ½ TL Knoblauchgranulat, Oregano, Basilikum und Zimt dazugeben. Mit Salz und Pfeffer würzen. Alles kurz aufkochen lassen und den Pflanzendrink dazugeben. Die Sauce bei schwacher Hitze köcheln lassen.

Den Backofen auf 180 °C Umluft vorheizen.

Eine Auflaufform mit 1 EL Olivenöl einfetten. Ein bis zwei Schöpflöffel Sauce auf den Boden der Form geben. Lasagneplatten darauf verteilen, etwas andrücken und nochmals ein bis zwei Schöpflöffel Sauce auf die Nudelplatten geben. Den Vorgang so lange wiederholen, bis die Sauce aufgebraucht

ist. Mit einer Schicht der Sauce abschließen. Die Sojasahne gleichmäßig über die Lasagne gießen und den geriebenen Käse darauf verteilen.

Die Lasagne im Ofen auf der mittleren Schiene etwa 40 Minuten backen, bis der Käse goldbraun ist.

Paprika-Geschnetzeltes mit Spätzle ist eine schmackhafte Mahlzeit mit reichlich Vitamin C. Die Paprika bringen lebendige Farbe ins Spiel und strotzen vor geballter antioxidativer Power.

PAPRIKA-GESCHNETZELTES MIT SPÄTZLE

* **Für 4 Portionen**
* **Zubereitungszeit:** 30 Minuten
* **Nährwerte pro Portion:** 852 kcal | 94 g Kohlenhydrate | 31 g Fett | 38 g Protein

ZUTATEN

150 g Erbsenproteinschnetzel (alternativ: Sojaschnetzel)
1 ½ l Gemüsebrühe
1 Zwiebel
1 Knoblauchzehe
2 rote Paprikaschoten
1 EL Olivenöl
2 EL Sojasauce
1 TL Paprikapulver rosenscharf
1 TL Knoblauchpulver
2 EL Dinkelmehl Type 1050
500 g Spätzle (ohne Ei)
250 g Sojasahne
1 TL Ahornsirup
2 EL Apfelessig
¼ TL Kurkumapulver
1 TL Pfeffer aus der Mühle
2 EL Hefeflocken
3 EL gehackte Petersilie

ZUBEREITUNG

Die Erbsenproteinschnetzel mit 1 l Gemüsebrühe in einem Topf erhitzen und 10 Minuten kochen lassen.

In der Zwischenzeit die Zwiebel und den Knoblauch schälen und in feine Würfel schneiden. Die Paprikaschoten längs halbieren, entkernen, waschen und in feine Streifen schneiden.

Das Olivenöl in einer Pfanne erhitzen und die Zwiebel darin bei mittlerer Hitze glasig andünsten. Die Erbsenproteinschnetzel in ein Sieb abgießen und gut ausdrücken. In die Pfanne geben und etwa 10 Minuten anbraten. Knoblauch und Paprikasteifen hinzufügen und unter gelegentlichem Rühren 5 Minuten mitbraten.

Die Sojasauce mit dem Paprika- und Knoblauchpulver vermengen und in die Pfanne geben. Das Mehl hinzufügen und unter Rühren anschwitzen. Das Geschnetzelte mit der restlichen Gemüsebrühe ablöschen, Sojasahne, Ahornsirup, Apfelessig, Kurkuma, Pfeffer und Hefeflocken dazugeben und kurz aufkochen lassen.

Die Spätzle in reichlich kochendem Salzwasser nach Packungsanweisung garen. In ein Sieb abgießen, mit dem Geschnetzelten auf Tellern anrichten und mit Petersilie bestreut servieren.

Diese fleischlose Köstlichkeit ist nicht nur reich an Protein aus Hülsenfrüchten. Sie wird auch serviert mit einer frischen Tomatensauce, die viel Vitamin C und Antioxidantien enthält. Lass die Sinne tanzen bei einem leichten und gesunden Mahl!

VEGANE HACKBÄLLCHEN MIT SPAGHETTI POMODORO

- **Für 4 Portionen**
- **Zubereitungszeit:** 45 Minuten
- **Nährwerte pro Portion:** 673 kcal | 92 g Kohlenhydrate | 14 g Fett | 36 g Protein

ZUTATEN

100 g Sojaschnetzel
300 ml Gemüsebrühe
2 mittelgroße Zwiebeln
2 Knoblauchzehen
1 Dose braune Linsen (240 g Abtropfgewicht)
2 EL Sojasauce
3 EL zarte Haferflocken
4 EL Tomatenmark
3 EL scharfer Senf
1 Handvoll gehackte Petersilie
1 TL Paprikapulver edelsüß
¼ TL Kreuzkümmelpulver
1 TL getrockneter Majoran
5 EL Vollkornpaniermehl
Salz, Pfeffer aus der Mühle
2 EL Olivenöl
400 g (Vollkorn-)Spaghetti
500 g passierte Tomaten
1 TL Gemüsebrühepulver
1 TL getrocknetes Basilikum
½ TL Ahornsirup

ZUBEREITUNG

Die Sojaschnetzel mit der heißen Gemüsebrühe in eine Schüssel geben und 10 Minuten darin einweichen.

In der Zwischenzeit eine Zwiebel und eine Knoblauchzehe schälen und in feine Würfel schneiden. Die Linsen in ein Sieb abgießen, kalt abbrausen und abtropfen lassen.

Die Sojaschnetzel ebenfalls in ein Sieb abgießen und die Flüssigkeit ausdrücken.

Sojaschnetzel, Zwiebel- und Knoblauchwürfel, Linsen, Sojasauce, Haferflocken, 3 EL Tomatenmark, Senf, Petersilie, Paprikapulver, Kreuzkümmel und Majoran in einer Schüssel vermengen. Das Vollkornpaniermehl hinzufügen und die Masse mit Salz und Pfeffer würzen. Zu einem homogenen Teig verkneten und mit feuchten Händen daraus etwa 20 Hackbällchen formen.

In einer großen Pfanne 1 EL Olivenöl erhitzen und die Hackbällchen darin rundum bei mittlerer Hitze 10 bis 12 Minuten gleichmäßig anbraten.

Währenddessen die Spaghetti in reichlich kochendem Salzwasser nach Packungsanweisung garen.

Für die Tomatensauce die zweite Zwiebel schälen und in feine Würfel schneiden. Das restliche Olivenöl in der Pfanne erhitzen und die Zwiebelwürfel darin bei mittlerer Hitze glasig

TIPP:

ICH MISCHE GERNE HELLE SPAGHETTI MIT VOLLKORNSPAGHETTI IM VERHÄLTNIS 1:1!

dünsten. Das restliche Tomatenmark kurz mitrösten. Mit den passierten Tomaten ablöschen und anschließend Gemüsebrühepulver, Basilikum, Ahornsirup, Salz und Pfeffer unterrühren. Kurz aufkochen lassen.

Die Hackbällchen aus der Pfanne nehmen. Die gekochten Spaghetti in ein Sieb abgießen. Die Nudeln auf Teller verteilen, die Tomatensauce darübergeben und die Hackbällchen darauf anrichten.

Das herzhafte pflanzliche Gyros hat eine gute Portion Protein an Bord. Das Zaziki auf Basis pflanzlichen Joghurts verleiht dem Gericht Frische, während die Ofenkartoffeln für einen perfekten Crunch sorgen. Ein Erlebnis für deine Geschmacksknospen.

VEGANES GYROS MIT ZAZIKI UND OFENKARTOFFELN

* **Für 4 Portionen**
* **Zubereitungszeit:** 60 Minuten
* **Nährwerte pro Portion:** 530 kcal | 52 g Kohlenhydrate | 20 g Fett | 40 g Protein

ZUTATEN

¼ Salatgurke
500 g Natur-Sojajoghurt
2 Knoblauchzehen
4 EL Olivenöl
2 EL Zitronensaft
Salz, Pfeffer aus der Mühle
800 g festkochende Kartoffeln
1 ½ TL Knoblauchpulver
½ TL Paprikapulver rosenscharf
200 g Sojaschnetzel (alternativ: Erbsenproteinschnetzel)
2–3 EL Gyrosgewürz

ZUBEREITUNG

Die Gurke waschen, längs vierteln und in kleine Stücke schneiden. Den Joghurt in eine Schüssel geben, die Knoblauchzehen schälen, durch eine Knoblauchpresse drücken und zum Joghurt geben. Gurke, 1 EL Olivenöl und Zitronensaft hinzufügen und gut vermischen. Mit Salz und Pfeffer würzen. Das Zaziki im Kühlschrank mindestens 1 Stunde ziehen lassen.

In der Zwischenzeit den Backofen auf 180 °C vorheizen.

Die Kartoffeln mit der Schale waschen, längs halbieren und in etwa 0,5 cm dicke Scheiben schneiden. Die Kartoffelscheiben mit 1 EL Olivenöl, etwas Salz, Knoblauch- und Paprikapulver in einer Schüssel gut vermengen. Anschließend die Kartoffeln auf einem mit Backpapier ausgelegten Backblech verteilen und im Ofen auf der mittleren Schiene 25 Minuten garen.

Währenddessen die Sojaschnetzel in eine Schüssel geben, mit heißem Wasser übergießen und 10 Minuten einweichen lassen. Anschließend in ein Sieb abgießen und die Flüssigkeit ausdrücken. Die eingeweichten Sojaschnetzel, das Gyrosgewürz und 1 EL Olivenöl in eine Schüssel geben und die Gewürz-Öl-Mischung gut mit den Händen in die Schnetzel einmassieren.

In einer Pfanne 1 EL Olivenöl erhitzen und die Schnetzel darin rundum bei mittlerer Hitze in etwa 10 bis 12 Minuten kross anbraten. Das vegane Gyros auf Teller verteilen und mit Ofenkartoffeln und Zaziki servieren.

BLUMENKOHLSTEAKS

- **Für 2 Portionen**
- **Zubereitungszeit:** 35 Minuten
- **Nährwerte pro Portion:** 326 kcal | 8 g Kohlenhydrate | 25 g Fett | 13 g Protein

ZUTATEN

1 Blumenkohl
4 EL Olivenöl
¾ TL Salz
¾ TL Knoblauchpulver
½ TL Paprikapulver rosenscharf
¼ TL Kurkumapulver
Pfeffer aus der Mühle
2 Knoblauchzehen
300 g Natur-Sojajoghurt
1 EL Zitronensaft
2 EL gehackte Petersilie
Salz

ZUBEREITUNG

Den Backofen auf 170 °C Umluft vorheizen. Den Blumenkohl putzen, waschen und in vier etwa 2 cm dicke Scheiben schneiden. Die Scheiben fallen dabei eventuell auseinander, können aber dennoch weiterverarbeitet werden. Die Blumenkohlscheiben auf einem mit Backpapier ausgelegten Backblech verteilen.

Für die Marinade 3 EL Olivenöl, Salz, Knoblauchpulver, Paprikapulver, Kurkuma und etwas Pfeffer in einer Schüssel vermengen. Die Blumenkohlscheiben vollständig damit bepinseln und kurz ziehen lassen. Anschließend im Ofen auf der mittleren Schiene 25 bis 30 Minuten garen.

Für den Dip die Knoblauchzehen schälen und durch eine Knoblauchpresse drücken. Mit Sojajoghurt, Zitronensaft, restlichem Olivenöl und Petersilie zu einer cremigen Masse vermischen und anschließend mit Salz und Pfeffer würzen. Abgedeckt im Kühlschrank ziehen lassen, bis die Blumenkohlsteaks fertig sind. Zum Schluss die Blumenkohlsteaks zusammen mit etwas Dip auf einem Teller anrichten.

TIPP:

BEIM SCHNEIDEN DER BLUMENKOHLSTEAKS IST DER SCHLÜSSEL ZUR STABILITÄT EIN INTAKTER STRUNK IN DER MITTE. LASS DEN STRUNK UNVERSEHRT, UM DEN BLUMENKOHL ZUSAMMENZUHALTEN UND DIE PERFEKTE STEAKFORM ZU GEWÄHRLEISTEN.

OFENMÖHREN

- **Portion:** ergibt ca. 300 g
- **Zubereitungszeit:** 30 Minuten
- **Nährwerte pro 100 g:** 290 kcal | 36 g Kohlenhydrate | 11 g Fett | 4 g Protein

ZUTATEN

400 g Möhren
1 EL Olivenöl
1 EL Ahornsirup
1 TL Paprikapulver rosenscharf
1 TL Knoblauchpulver
½ TL Salz
Pfeffer aus der Mühle

ZUBEREITUNG

Den Backofen auf 180 °C Umluft vorheizen. Die Möhren putzen, schälen und in etwa 1 cm große Stücke schneiden. Mit Olivenöl, Ahornsirup, Paprikapulver und Knoblauchpulver in eine Schüssel geben, mit Salz und Pfeffer würzen und kurz ziehen lassen. In einer feuerfesten Form im Ofen auf der mittleren Schiene 25 bis 30 Minuten garen.

KARTOFFELWAFFELN

- **Portion:** ergibt ca. 5 Waffeln
- **Zubereitungszeit:** 30 Minuten
- **Nährwerte pro Portion:** 326 kcal | 8 g Kohlenhydrate | 25 g Fett | 13 g Protein

ZUTATEN

600 g mehligkochende Kartoffeln
½ TL Salz
1 Zweig Rosmarin
1 TL Knoblauchpulver
2 EL Hefeflocken
½ TL Paprikapulver rosenscharf
Öl für das Waffeleisen

ZUBEREITUNG

Die Kartoffeln schälen, waschen und mit einem Gemüsehobel klein raspeln. Mit dem Salz in einer Schüssel vermengen und kurz ziehen lassen. Anschließend die Kartoffeln in ein sauberes Küchentuch geben, die Flüssigkeit ausdrücken.

Den Rosmarin waschen und trocken tupfen. Die Nadeln abzupfen und in einem Mörser zerstoßen oder klein schneiden. Zusammen mit Knoblauchpulver, Hefeflocken und Paprikapulver unter die geraspelten Kartoffeln mischen.

Ein Waffeleisen mit Öl bepinseln und den Kartoffelteig darin portionsweise in jeweils 5 bis 7 Minuten ausbacken.

KICHERERBSEN-GURKEN-DILL-SALAT

- **Für 4 Portionen**
- **Zubereitungszeit:** 15 Minuten + mindestens 1 Stunde Ziehzeit
- **Nährwerte pro Portion:** 235 kcal | 24 g Kohlenhydrate | 7 g Fett | 12 g Protein

ZUTATEN

2 Dosen Kichererbsen (à ca. 250 g Abtropfgewicht)
1 kleine rote Zwiebel
1 Salatgurke (ca. 350 g)
150 g Dill-Gurken

Für das Dressing:
2 EL weißes Tahin (Sesampaste)
100 g Natur-Sojajoghurt
2 EL Zitronensaft
1 TL scharfer Senf
3 EL Dill-Gurkenwasser
1 TL Knoblauchpulver
¼ TL Salz
Pfeffer aus der Mühle
1 Handvoll gehackter frischer Dill

ZUBEREITUNG

Die Kichererbsen in ein Sieb abgießen, kalt abbrausen und abtropfen lassen. Die Zwiebel schälen und in feine Würfel schneiden. Die Gurke waschen und würfeln. Die Dill-Gurken in Scheiben schneiden.

Alle Zutaten für das Dressing in eine große Schüssel geben und gut miteinander vermischen.

Das Gemüse dazugeben und alles gut miteinander vermengen. Den Salat mindestens 1 Stunde, besser noch über Nacht im Kühlschrank ziehen lassen.

WOCHE 4

– Vegan kochen wie ein Profi

In dieser Woche erweitern wir – ernährungstechnisch – noch ein wenig deinen Horizont: Mit allerlei Zutaten, die du bisher vielleicht noch nicht so auf dem (Einkaufs-)Zettel hattest, und Rezepten, die auch mal ein bisschen anspruchsvoller sein dürfen. Und mit dem Bowl-Baukasten (S. 152 bis 155) kannst du schon jede Menge eigene Kreationen ganz nach deinem Geschmack zaubern!

Das farbenfrohe Rote-Bete-Carpaccio ist reich an Antioxidantien und wichtigen Nährstoffen. Die perfekte Vorspeise für einen schönen Abend mit deinen Liebsten.

ROTE-BETE-CARPACCIO

- **Für 2 Portionen**
- **Zubereitungszeit:** 20 Minuten
- **Nährwerte pro Portion:** 312 kcal | 16 g Kohlenhydrate | 25 g Fett | 4 g Protein

ZUTATEN

2 EL Olivenöl
1 EL Apfelessig
1 TL (Dijon-)Senf
1 TL Ahornsirup
Salz, Pfeffer aus der Mühle
2 EL Walnusskerne
2 Rote Beten (vorgegart und vakuumiert)
40 g Rucola
50 g veganer Feta

ZUBEREITUNG

Olivenöl, Apfelessig, Senf und Ahornsirup zu einem Dressing verrühren, mit Salz und Pfeffer würzen und beiseitestellen.

Die Walnüsse klein hacken und in einer Pfanne ohne Fett anrösten und abkühlen lassen.

Die Roten Beten mit einem Gemüsehobel in dünne Scheiben hobeln. Den Rucola verlesen, waschen und trocken schleudern. Die Rote-Bete-Scheiben kreisförmig auf flachen Tellern anrichten und den Rucola darauf verteilen.

Das Dressing über den Salat geben, den veganen Feta zerbröseln und mit den gerösteten Walnüssen über das Carpaccio streuen.

Die herzhafte Brühe mit Miso-Paste wird von einer bunten Auswahl an frischem Gemüse begleitet. Diese wärmende Suppe ist nicht nur lecker, sondern auch reich an Vitaminen und Mineralstoffen. Ein einfacher Genuss für gemütliche Momente.

MISO-GEMÜSE-SUPPE

* **Für 4 Portionen**
* **Zubereitungszeit:** 30 Minuten
* **Nährwerte pro Portion:** 245 kcal | 28 g Kohlenhydrate | 8 g Fett | 12 g Protein

ZUTATEN

150 g Rettich
Salz
2 Möhren
300 g Süßkartoffeln
150 g Chinakohl
150 g Austernpilze
200 g Räuchertofu
1 EL Sesamöl
1,2 l Gemüsebrühe
2 EL helle Miso-Paste
3 Frühlingszwiebeln

ZUBEREITUNG

Den Rettich putzen, schälen, der Länge nach in drei Stücke teilen und in dünne Scheiben schneiden. Leicht salzen und ruhen lassen, bis der Rettich Wasser zieht. Vor dem Garen des Rettichs das Wasser mit einem Küchentuch abtupfen.

Die Möhren putzen, schälen, längs halbieren und in Scheiben schneiden. Die Süßkartoffeln schälen, waschen und in Würfel schneiden. Den Chinakohl in schmale bis mittelschmale Streifen schneiden, waschen und trocken schleudern. Die Austernpilze putzen und in mittelgroße Stücke schneiden. Den Räuchertofu in große Würfel schneiden.

Das Öl in einer großen Pfanne oder einem Topf erhitzen und den Räuchertofu darin rundum bei starker Hitze anbraten. Die Austernpilze dazugeben und 4 Minuten mitbraten. Rettich, Möhren, Süßkartoffeln und Chinakohl hinzufügen und kurz erhitzen. Mit Gemüsebrühe ablöschen. Die Miso-Paste dazugeben und alles mit geschlossenem Deckel bei schwacher Hitze 15 Minuten köcheln lassen.

Währenddessen die Frühlingszwiebel putzen, waschen und in feine Ringe schneiden. Am Ende der Garzeit zur Suppe geben.

TIPP:

WER ES SCHARF MAG, KANN ZUSÄTZLICH ETWAS SRIRACHA-SAUCE HINZUFÜGEN.

Die mild-zarten Kohlblätter in einer kräftigen Sauce machen aus dem traditionellen Gericht eine fantastische pflanzliche Alternative. Neben ihrem vollen Geschmack liefern die Kohlrouladen eine gute Portion Ballaststoffe, Proteine und Vitamine. Die gesunde Option zeigt, wie lecker vegane Küche sein kann.

KOHLROULADEN

- **Für 6 Portionen**
- **Zubereitungszeit:** 45 Minuten + 30 Minuten Garzeit
- **Nährwerte pro Portion:** 263 kcal | 24 g Kohlenhydrate | 8 g Fett | 16 g Protein

ZUTATEN

12 Weißkohlblätter
80 g Sojaschnetzel
700 ml Gemüsebrühe
1 Zwiebel
2 Knoblauchzehen
1 Möhre
200 g Champignons
1 Dose braune Linsen (250 g Abtropfgewicht)
3 EL gehackte Petersilie
30 g zarte Haferflocken
5 EL Tomatenmark
3 EL scharfer Senf
1 TL Paprikapulver edelsüß
¼ TL Kreuzkümmelpulver
2 TL getrockneter Majoran
Salz, Pfeffer aus der Mühle
5 EL Vollkornpaniermehl
2 EL Olivenöl
100 ml veganer Rotwein
1 EL Speisestärke
2 EL Sojasauce
100 g Sojasahne
1 TL Zwiebelpulver

ZUBEREITUNG

Die Weißkohlblätter waschen und in reichlich kochendem Salzwasser etwa 1 Minute garen. Aus dem Wasser nehmen, auf einem Küchentuch abtropfen lassen und den Strunk jeweils keilförmig herausschneiden.

Für die Füllung die Sojaschnetzel mit 300 ml heißer Gemüsebrühe in eine Schüssel geben und 10 Minuten darin einweichen. In der Zwischenzeit die Zwiebel und den Knoblauch schälen und in feine Würfel schneiden. Die Möhren putzen, schälen und ebenfalls in feine Würfel schneiden. Die Champignons putzen und in feine Würfel schneiden. Die Linsen in ein Sieb abgießen, kalt abbrausen und abtropfen lassen.

Die Sojaschnetzel in ein Sieb abgießen und die restliche Flüssigkeit herausdrücken. Sojaschnetzel, Zwiebel, Knoblauch, Möhre, Champignons, Linsen, Petersilie, Haferflocken, restliche Gemüsebrühe, 2 EL Tomatenmark und Senf in einer Schüssel vermengen und mit Paprikapulver, Kreuzkümmel, 1 TL Majoran, Salz und Pfeffer würzen. Das Vollkornpaniermehl hinzufügen und alles mit den Händen zu einer homogenen Masse kneten.

In einer Pfanne 1 EL Olivenöl erhitzen und die Füllung darin bei mittlerer Hitze unter Rühren etwa 6 Minuten anbraten. Jeweils 2 bis 3 EL der Masse in der Mitte der Weißkohlblätter platzieren und leicht andrücken. Anschließend die Kohlblätter zu einer Roulade aufrollen, dabei die Seiten der Blätter leicht nach innen klappen. Am besten endet man beim Einrollen auf dem Strunk, dann ist die Kohlroulade gut verschlossen.

TIPP:

DIE KLASSISCHE BEILAGE ZU KOHLROULADEN SIND SALZKARTOFFELN, ABER IHR KÖNNT NATÜRLICH AUCH REIS ODER NUDELN DAZU KOMBINIEREN!

Das restliche Olivenöl in einer Pfanne erhitzen und die Kohlrouladen darin rundum bei mittlerer Hitze anbraten. Aus der Pfanne nehmen und beiseitestellen. Das restliche Tomatenmark in die Pfanne geben und kurz anschwitzen. Mit Rotwein ablöschen. Die Speisestärke mit 4 EL Wasser verrühren und mit der restlichen Gemüsebrühe in die Pfanne geben. Sojasauce, Sojasahne, Zwiebelpulver und 1 TL Majoran hinzufügen und mit Salz und Pfeffer würzen. Die Kohlrouladen zur Sauce in die Pfanne geben und mit geschlossenem Deckel bei schwacher Hitze 30 Minuten schmoren lassen.

Entdecke die kulinarische Vielfalt der Jackfrucht. Die zarten Fasern der Jackfrucht harmonieren perfekt mit der würzigen Zwiebelsauce. Eine einfache und köstliche Mahlzeit, die sich variationsreich kombinieren lässt.

JACKFRUCHT-RAGOUT

- **Für 2 Portionen**
- **Zubereitungszeit:** 40 Minuten
- **Nährwerte pro Portion:** 371 kcal | 48 g Kohlenhydrate | 7 g Fett | 8 g Protein

ZUTATEN

3 mittelgroße Zwiebeln
2 Knoblauchzehen
250 g Möhren
2 Dosen Jackfrüchte
(à 280 g Abtropfgewicht)
2 Zweige Rosmarin
1 EL Olivenöl
1 EL Dinkelmehl Type 1050
½ l Gemüsebrühe
150 ml veganer Rotwein
2 EL Sojasauce
2 EL Hoisin-Sauce
2 EL Tomatenmark
1 EL Ahornsirup
1 EL Aceto balsamico
2 Lorbeerblätter
1 TL Paprikapulver rosenscharf
1 TL getrockneter Thymian
¼ TL Kreuzkümmelpulver
Pfeffer aus der Mühle

ZUBEREITUNG

Die Zwiebeln schälen, halbieren und in Scheiben schneiden. Den Knoblauchzehen schälen und würfeln. Die Möhren putzen, schälen und in Würfel schneiden. Die Jackfrüchte in ein Sieb abgießen und mit einem Küchentuch trocken tupfen. Den Rosmarin waschen und trocken tupfen.

Das Olivenöl in einer großen Pfanne erhitzen und die Zwiebeln zusammen mit dem Knoblauch darin bei mittlerer Hitze kurz andünsten. Möhren und Jackfrüchte 5 Minuten mitbraten.

Das Mehl in die Pfanne geben und unter Rühren anschwitzen, bis es nicht mehr sichtbar ist. Mit der Gemüsebrühe ablöschen und nach und nach Rotwein, Sojasauce, Hoisin-Sauce, Tomatenmark, Ahornsirup und Aceto balsamico unterrühren und kurz aufkochen lassen.

Die Hitze reduzieren und Lorbeerblätter, Rosmarinzweige, Paprikapulver, Thymian und Kreuzkümmel hinzufügen. Alles mit Pfeffer würzen.

Das Ragout mit geschlossenem Deckel 15 Minuten köcheln lassen. Nach der Garzeit die Lorbeerblätter und Rosmarinzweige entfernen.

TIPP:
ZUM SUPERLECKEREN JACKFRUCHT-RAGOUT PASSEN WUNDERBAR KARTOFFELN ODER PASTA ALS BEILAGE!

Die Steckrüben in einer reichhaltigen Masala-Sauce haben neben ihrem einzigartigen Geschmack eine Fülle von Ballaststoffen, Vitaminen und Mineralien. Zusammen mit dem warmen, frisch gebackenen Naan-Brot ergibt sich eine kulinarische Fusion, die die vegane Vielfalt zelebriert.

STECKRÜBEN-MASALA MIT NAAN-BROT

- **Für 4 Portionen**
- **Zubereitungszeit:** 40 Minuten + 1 Stunde Gehzeit
- **Nährwerte pro Portion:** 479 kcal | 61 g Kohlenhydrate | 17 g Fett | 14 g Protein

ZUTATEN

420 g Weizenmehl Type 405
1 TL Salz
60 ml Haferdrink
1 TL Trockenhefe
½ TL Zucker
60 g vegane Butter
60 g Natur-Sojajoghurt
½ TL Backpulver
Olivenöl zum Arbeiten
600 g Steckrüben (alternativ: Süßkartoffeln)
1 walnussgroßes Stück Ingwer
2 Knoblauchzehen
1 Dose Kichererbsen (250 g Abtropfgewicht)
½ TL Schwarzkümmel
½ TL Chiliflocken
¼ TL Kurkumapulver
½ TL Korianderpulver
½ TL Salz
200 g gehackte Tomaten (aus der Dose)
100 ml Kokosmilch (alternativ: Sojasahne)
1 EL gehackter Koriander
½ TL Garam Masala

ZUBEREITUNG

Das Mehl mit dem Salz in einer Schüssel vermengen. Den Haferdrink in einem Topf bei schwacher Hitze kurz erwärmen, die Trockenhefe und den Zucker einrühren. In der Mitte des Mehls eine tiefe Mulde formen, die Hefemischung hineingeben und an einen warmen Ort 10 Minuten gehen lassen.

In der Zwischenzeit 30 g vegane Butter in einer Pfanne zerlassen und beiseitestellen. Den Sojajogurt, 150 ml lauwarmes Wasser und das Backpulver in die Schüssel zum Mehl geben und alles mit einem Handrührgerät 5 Minuten kneten. Die zerlassene Butter nach und nach hinzufügen, bis ein glatter Teig entsteht. Der Teig sollte noch etwas feucht, aber elastisch sein und sich im Ganzen vom Schüsselrand lösen lassen.

Eine zweite Schüssel mit etwas Olivenöl auspinseln, den Teig hineinlegen und zusätzlich mit Öl bestreichen. Die Schüssel mit einem Küchentuch abdecken und den Teig an einem warmen Ort 1 Stunde gehen lassen.

In der Zwischenzeit die Steckrüben putzen, schälen und in 1 cm große Würfel schneiden. Ingwer und eine Knoblauchzehe schälen und fein würfeln. Die Kichererbsen in ein Sieb abgießen, kalt abbrausen und abtropfen lassen. Etwas Olivenöl in einer Pfanne erhitzen und Steckrüben, Ingwer, Knoblauchwürfel und Schwarzkümmel darin bei mittlerer Hitze anbraten. Chiliflocken, Kurkuma, Koriander, Salz, Kichererbsen, Tomaten und Kokosmilch dazugeben und alles gut vermischen.

Mit geschlossenem Deckel bei mittlerer Hitze 25 Minuten garen. Regelmäßig umrühren und bei Bedarf etwas Wasser hinzufügen. Am Ende der Garzeit sollte die Flüssigkeit des Masalas fast vollständig verdampft sein. Zum Schluss noch Koriander und Garam Masala unterrühren.

Den Teig nach dem Gehen nochmals kurz durchkneten und in acht gleich große Stücke teilen. Die Teigstücke auf der bemehlten Arbeitsfläche zu Fladen ausrollen. Alternativ kann man den Teig auch mit der Hand zu Fladen formen.

Eine beschichtete Pfanne erhitzen und die Teigfladen darin nach und nach auf jeder Seite bei mittlerer Hitze 60 bis 90 Sekunden backen, bis der Teig Blasen wirft. Die fertigen Naan-Brote auf einem Teller zur Seite stellen.

Die restliche vegane Butter in einer kleinen Pfanne bei schwacher Hitze zergehen lassen. Die zweite Knoblauchzehe schälen und durch eine Knoblauchpresse drücken, in die Pfanne geben und mit der Butter vermischen. Die Naan-Brote mit der Knoblauchbutter bestreichen. Das Masala auf tiefe Teller verteilen und mit den Naan-Broten servieren.

Die Mischung aus gebratenen Champignons, frischem Spinat und der sanften Seidentofu-Füllung verleiht diesem Gericht ein besonderes Aroma in fein cremiger Textur. Eine einfache und dennoch raffinierte Möglichkeit, die vielfältige pflanzliche Küche zu erleben.

CHAMPIGNON-SPINAT-QUICHE

- **Für 4 Portionen**
- **Zubereitungszeit:** 40 Minuten + 30 Minuten Ruhezeit + 40 Minuten Backzeit
- **Nährwerte pro Portion:** 478 kcal | 49 g Kohlenhydrate | 22 g Fett | 18 g Protein

ZUTATEN

220 g Dinkelmehl Type 1050
80 g vegane Butter
½ TL Salz
1 Zwiebel
3 Knoblauchzehen
200 g Champignons
200 g Blattspinat
1 EL Olivenöl
Salz, Pfeffer aus der Mühle
400 g Seidentofu
100 g Sojasahne
2 EL Hefeflocken
3 EL Speisestärke
1 TL Paprikapulver rosenscharf
¼ TL Kurkumapulver
100 g Cocktailtomaten

ZUBEREITUNG

Dinkelmehl, vegane Butter, Salz sowie 3 bis 4 EL Wasser in einer Schüssel zu einem glatten Teig verkneten. Anschließend den Teig zu einer Kugel formen, in Frischhaltefolie einwickeln und 30 Minuten im Kühlschrank ruhen lassen.

Währenddessen die Zwiebel und den Knoblauch schälen und fein würfeln. Die Champignons putzen und in Scheiben schneiden. Den Spinat verlesen und waschen, grobe Stiele entfernen. Das Olivenöl in einer Pfanne erhitzen. Zwiebel, Knoblauch und Champignons darin bei mittlerer Hitze 5 Minuten andünsten. Den Spinat dazugeben und zusammenfallen lassen. Mit Salz und Pfeffer würzen.

Den Backofen auf 170 °C Umluft vorheizen. Seidentofu, Sojasahne, Hefeflocken, Speisestärke, Paprikapulver und Kurkuma in einer Schüssel zu einer glatten Masse verrühren. Mit Salz und Pfeffer würzen.

Den Teig auf der bemehlten Arbeitsfläche etwa 0,5 cm dick ausrollen und in die eingefettete Quiche-Form legen. Den Rand seitlich andrücken und den überstehenden Teig abschneiden.

Das Gemüse auf dem Teig verteilen und die Seidentofu-Masse darübergeben. Die Cocktailtomaten waschen, halbieren und gleichmäßig auf der Quiche verteilen, dabei etwas andrücken. Die Quiche im Ofen auf der mittleren Schiene etwa 40 Minuten backen. Vor dem Servieren etwas abkühlen lassen.

Genieße schnell zubereitetes, wohltuendes Comfort-Food. Die harmonische Verbindung von Nudeln, mildem Curry und würziger Brühe macht das Gericht zu einer überzeugenden Wahl. Ideal für diejenigen, die sich in kürzester Zeit mit höchstem Genuss verwöhnen möchten.

CURRY-RAMEN

- **Für 4 Portionen**
- **Zubereitungszeit:** 30 Minuten
- **Nährwerte pro Portion:** 515 kcal | 59 g Kohlenhydrate | 25 g Fett | 12 g Protein

ZUTATEN

1 haselnussgroßes Stück Ingwer
1 Knoblauchzehe
200 g Champignons
1 Möhre
100 g Zuckerschoten
1 EL Olivenöl (alternativ: Sesamöl)
1 EL gelbe Currypaste
1,5 l Gemüsebrühe
400 ml Kokosmilch
1 EL Sojasauce
Saft einer ½ Limette
1 TL Chilipulver
¼ TL Kurkumapulver
Pfeffer aus der Mühle
250 g Ramen-Nudeln (alternativ: Mie-Nudeln)
4 EL gehackte Petersilie
4 EL Frühlingszwiebelringe

ZUBEREITUNG

Den Ingwer und den Knoblauch schälen und in feine Würfel schneiden. Die Champignons putzen und in Scheiben schneiden. Die Möhre putzen, schälen und in feine Streifen schneiden. Die Zuckerschoten putzen, waschen und halbieren.

Das Olivenöl in einem Wok oder einer tiefen Pfanne erhitzen und Knoblauch und Ingwer darin bei mittlerer Hitze andünsten. Die Currypaste dazugeben und kurz anrösten. Möhre und Champignons dazugeben und 5 Minuten anbraten. Mit Gemüsebrühe und Kokosmilch ablöschen. Sobald die Suppe kocht, Sojasauce, Limettensaft, Chilipulver und Kurkuma dazugeben, mit Pfeffer würzen.

Die Ramen-Nudeln hinzufügen und nach Packungsanweisung in der Suppe kochen. Das Curry-Ramen auf tiefe Teller verteilen und mit Petersilie und Frühlingszwiebeln bestreut servieren.

Zartes Blätterteiggebäck umhüllt eine Füllung aus Sauerkraut, Zwiebeln, Kartoffeln und Gewürzen. Das wohlschmeckende Gericht bringt den herzhaften Charakter von Sauerkraut auf wunderbar leichte Weise zur Geltung. Perfekt für alle, die traditionellen Genuss mit einer besonderen Note schätzen.

SAUERKRAUTSTRUDEL

- **Für 4 Portionen**
- **Zubereitungszeit:** 50 Minuten + 40 Minuten Backzeit
- **Nährwerte pro Portion:** 529 kcal | 59 g Kohlenhydrate | 21 g Fett | 18 g Protein

ZUTATEN

250 g Weizenmehl Type 405
5 EL Olivenöl
½ TL Salz
250 g mehligkochende Kartoffeln
1 Zwiebel
200 g Räuchertofu
800 g Sauerkraut
7 EL vegane Crème fraîche
100 ml Gemüsebrühe
1 TL Ahornsirup
½ TL ganzer Kümmel
3 Wacholderbeeren
Pfeffer aus der Mühle

ZUBEREITUNG

Mehl, 2 EL Olivenöl, Salz und 100 ml Wasser in einer Schüssel zu einem glatten Teig verkneten. Den Teig in Frischhaltefolie wickeln und für 30 Minuten in den Kühlschrank geben.

In der Zwischenzeit die Kartoffeln schälen, waschen, in grobe Würfel schneiden und in reichlich Salzwasser 15 Minuten kochen.

Währenddessen die Zwiebel schälen und fein würfeln. Den Räuchertofu in feine Würfel schneiden. Das Sauerkraut in ein Sieb abgießen und abtropfen lassen.

Die gekochten Kartoffeln abgießen und mithilfe einer Gabel oder eines Kartoffelstampfers zerdrücken und zur Seite stellen.

In einer großen Pfanne 2 EL Olivenöl erhitzen und den Räuchertofu darin bei mittlerer Hitze 10 Minuten anbraten. Sobald der Tofu leicht kross ist, die Zwiebelwürfel mitdünsten, bis sie glasig sind. Sauerkraut, 2 EL vegane Crème fraîche, Gemüsebrühe, Ahornsirup sowie Kümmel und Wacholderbeeren dazugeben. Mit Pfeffer würzen. Die zerdrückten Salzkartoffeln hinzufügen und mit den anderen Zutaten kurz erhitzen.

Den Backofen auf 170 °C Umluft vorheizen.

Ein sauberes Küchentuch mit Mehl bestäuben und den Teig darauf zu einem dünnen Rechteck ausrollen. 4 EL vegane Crème fraîche auf dem Teig verstreichen. Die Sauerkraut-Mischung gleichmäßig auf dem Teig verteilen, sodass an den

kurzen Seiten etwa 2 cm und an den langen Seiten etwa 4 cm Rand frei bleiben.

Die kurzen Seiten des Teiges nach innen klappen. Anschließend den Teig der Länge nach mithilfe des Küchentuchs aufrollen. Den Strudel mit der Naht nach unten auf ein mit Backpapier ausgelegtes Backblech legen.

Die restliche vegane Crème fraîche mit dem restlichen Olivenöl vermischen und den Strudel damit gleichmäßig bestreichen. Den Sauerkrautstrudel im Ofen auf der mittleren Schiene etwa 40 Minuten backen.

BOWL-BAUKASTEN

SCHRITT 1: WÄHLE DEINE BASIS

- Vollkornreis, Basmatireis, Wildreis, Quinoa, Buchweizen, Hirse, Couscous, Bulgur, Kartoffeln, Süßkartoffeln oder Kürbis

Zubereitung: Getreide bzw. Pseudogetreide nach Packungsanweisung zubereiten. Kartoffeln, Süßkartoffeln oder Kürbis putzen, schälen, in Würfel schneiden und in kochendem Wasser garen. Alternativ mit etwas Olivenöl und Salz bei 180 °C Umluft für 25 Minuten in den Backofen geben.

SCHRITT 2: WÄHLE DEINE PROTEINQUELLE

- **Tofu:** geräuchert, mariniert und/oder knusprig gebraten
- **Tempeh:** mariniert und knusprig gebraten
- **Hülsenfrüchte:** Linsen, Kichererbsen, Bohnen, Edamame usw.

SCHRITT 3: WÄHLE DEIN GEMÜSE (MINDESTENS 3 SORTEN)

- **Rohes Gemüse:** Paprikaschoten, Tomaten, Gurken, Möhren, Zwiebeln …
- **Gedünstetes Gemüse:** Brokkoli, Blumenkohl, Spargel …
- **Gebratenes Gemüse:** Aubergine, Zucchini …
- **Grünes Blattgemüse:** junger Spinat, Grünkohl, Rucola oder gemischte Blattsalate

SCHRITT 4: WÄHLE DEIN DRESSING

- Tahin-Dressing, Erdnuss-Chili-Sauce, Dattel-Senf-Sauce, Balsamico-Vinaigrette

SCHRITT 5: WÄHLE DEINE NÄHRSTOFFREICHEN TOPPINGS

- **Nüsse und Samen:** Mandeln, Walnusskerne, Kürbiskerne, Erdnüsse, Sonnenblumenkerne, Sesam- oder Chiasamen für den leckeren Crunch sowie zusätzliche Proteine und gesunde Fette
- **Frisches Obst:** Avocado, Granatapfelkerne, Mango für eine fruchtige Note
- **Gedünstete oder marinierte Pilze:** Champignons, Steinpilze, Shiitake oder Austernpilze für den Umami-Geschmack
- **Fermentierte Lebensmittel:** Kimchi oder eingelegtes Gemüse für eine probiotische Wirkung
- **Frische Kräuter:** Koriander, Petersilie, Basilikum, Minze …

MEINE LIEBLINGS-BOWL

- **Für 1 Portion**
- **Zubereitungszeit:** 25 Minuten
- **Nährwerte pro Portion:** 705 kcal | 49 g Kohlenhydrate | 36 g Fett | 37 g Protein

ZUTATEN

5 EL Quinoa
100 g Räuchertofu
1 TL Olivenöl
1 rote Paprikaschote
¼ Salatgurke
50 g junger Spinat

ZUBEREITUNG

Die Quinoa in kochendem Wasser nach Packungsanweisung zubereiten. Den Räuchertofu würfeln und mit dem Olivenöl in einer beschichteten Pfanne bei mittlerer Hitze etwa 10 Minuten anbraten. Währenddessen die Paprikaschote längs halbieren, entkernen, waschen und in Würfel schneiden. Die Gurke waschen und ebenfalls würfeln. Den Spinat verlesen, waschen und trocken schleudern, grobe Stiele entfernen. Alle Zutaten in einer Bowl anrichten.

TIPP:

ZU DIESER BOWL PASST AM BESTEN DAS TAHIN-DRESSING (S. 154). ICH STREUE GERNE NOCH 1 EL GESCHÄLTE SESAMSAMEN ALS TOPPING DARÜBER.

DRESSINGS

TAHIN-DRESSING

- **Für 1 Portion**
- **Zubereitungszeit:** 5 Minuten + 1 Stunde Ziehzeit
- **Nährwerte pro Portion:** 215 kcal | 5 g Kohlenhydrate | 16 g Fett | 11 g Protein

ZUTATEN

2 EL Tahin (Sesampaste)
100 g Natur-Sojajoghurt
2 EL Zitronensaft
1 TL scharfer Senf
3 EL Gewürzgurkenwasser (alternativ: Apfelessig)
1 TL Knoblauchpulver
½ EL gehackter Dill
Salz, Pfeffer aus der Mühle

ZUBEREITUNG

Alle Zutaten in eine Schüssel geben und gut miteinander vermengen. Das Dressing mindestens 30 Minuten im Kühlschrank ziehen lassen.

ERDNUSS-CHILI-SAUCE

- **Für 1 Portion**
- **Zubereitungszeit:** 5 Minuten
- **Nährwerte pro Portion:** 294 kcal | 14 g Kohlenhydrate | 20 g Fett | 13 g Protein

ZUTATEN

1 Knoblauchzehe, geschält
4 EL Erdnussmus
½ TL Cayennepfeffer (alternativ: Paprikapulver rosenscharf)
1 EL Sojasauce
1 TL Ahornsirup
2 EL Zitronensaft
½ TL getrockneter Koriander

ZUBEREITUNG

Alle Zutaten mit etwa 80 ml Wasser in einen Standmixer geben und pürieren.

DATTEL-SENF-SAUCE

- **Für 1 Portion**
- **Zubereitungszeit:** 15 Minuten
- **Nährwerte pro Portion:** 210 kcal | 14 g Kohlenhydrate | 14 g Fett | 6 g Protein

ZUTATEN

2 Datteln, entsteint
3 EL (Dijon-)Senf
80 g Natur-Sojajoghurt
1 Knoblauchzehe
1 EL Apfelessig
1 TL Olivenöl
¼ TL Kurkumapulver
Salz, Pfeffer aus der Mühle

ZUBEREITUNG

Die Datteln in eine Schüssel geben, mit heißem Wasser bedecken und 12 Minuten einweichen. Anschließend alle Zutaten mit etwa 30 ml Wasser in einem Standmixer zu einem Dressing pürieren.

BALSAMICO-VINAIGRETTE

- **Für 1 Portion**
- **Zubereitungszeit:** 5 Minuten
- **Nährwerte pro Portion:** 330 kcal | 11 g Kohlenhydrate | 30 g Fett | 1 g Protein

ZUTATEN

25 ml Olivenöl
15 ml Aceto balsamico
1 TL Senf
1 TL Ahornsirup
1 TL Knoblauchpulver
1 TL italienische Kräutermischung
½ TL Salz

ZUBEREITUNG

Alle Zutaten in eine Schüssel geben und gut miteinander vermischen.

Verwöhne dich mit einem Nusszopf, geflochten aus luftigem Hefeteig und mit nussiger Füllung. Dieses Gebäck ist nicht nur ein Fest für den Gaumen, sondern auch eine Augenweide.

NUSSZOPF

- **Portion:** ergibt ca. 24 Stücke
- **Zubereitungszeit:** 20 Minuten + 60 Minuten Gehzeit + 45 Minuten Backzeit
- **Nährwerte pro Stück:** 174 kcal | 23 g Kohlenhydrate | 7 g Fett | 4 g Protein

ZUTATEN

450 g Weizenmehl Type 405
130 g Zucker
1 Prise Salz
1 Würfel Hefe (42 g)
330 ml Haferdrink
50 g Margarine
200 g gemahlene Haselnüsse
1 Packung Vanillezucker
5 EL Puderzucker

ZUBEREITUNG

Mehl, 60 g Zucker und Salz in einer Schüssel vermischen. Den Hefewürfel in die Schüssel bröseln. In einem Topf 200 ml Haferdrink bei schwacher Hitze erwärmen, sodass er lauwarm ist. Zusammen mit der Margarine zum Mehl geben und den Teig mit der Hand 10 Minuten kneten.

Falls der Teig zu klebrig ist, esslöffelweise Mehl dazugeben, bis ein glatter Teig entsteht. Die Schüssel mit einem Küchentuch abdecken und den Hefeteig an einem warmen Ort 1 Stunde gehen lassen. Anschließend den Teig auf der bemehlten Arbeitsfläche nochmals durchkneten und zu einem etwa 0,5 cm dicken Rechteck ausrollen.

Den Backofen auf 50 °C Umluft vorheizen. Gemahlene Haselnüsse, restlichen Haferdrink, restlichen Zucker und Vanillezucker gut vermengen und die Nussmasse auf dem ausgerollten Teig verteilen. Den Teig der Länge nach aufrollen.

Die Teigrolle nun der Länge nach bis zur Hälfte mittig durchschneiden, sodass zwei Teigstränge entstehen. Diese nun so umeinanderschlingen, dass die Seite mit der Nussfüllung jeweils nach oben zeigt. Die Enden der Teigstränge zusammendrücken und unter dem Zopf „verstecken".

Anschließend mit der anderen Hälfte der Teigrolle ebenso verfahren: bis zur bereits geflochtenen Hälfte mittig durchschneiden, die beiden Teigstränge mit der Nussfüllung nach oben umeinanderschlingen, die Enden zusammendrücken und unter dem Zopf „verschwinden" lassen.

Den Zopf auf ein mit Backpapier ausgelegtes Backblech legen und im Ofen auf der mittleren Schiene 15 Minuten backen. Anschließend die Temperatur auf 170 °C erhöhen und den Nusszopf weitere 25 bis 30 Minuten backen.

Den Puderzucker mit 2 bis 3 EL Wasser verrühren und den Zuckerguss auf dem noch warmen Nusszopf verteilen.

Erfrische deine Sinne mit einer Cashew-Minz-Pannacotta, vollendet mit süßer Himbeersauce. Dieses Dessert vereint cremige Leichtigkeit mit dem frischen Aroma von Minze und saftigen Himbeeren.

CASHEW-MINZ-PANNA-COTTA MIT HIMBEERSAUCE

- **Für 4 Portionen**
- **Zubereitungszeit:** 25 Minuten + 1 ½ Stunden Kühlzeit
- **Nährwerte pro Portion:** 267 kcal | 15 g Kohlenhydrate | 19 g Fett | 6 g Protein

ZUTATEN

5 EL Cashewkerne
6 Minzblätter
200 ml Kokosmilch
3 EL Zitronensaft
1 TL Vanilleextrakt
5 EL Ahornsirup
1 TL Agar-Agar
250 g Himbeeren
5 EL Kokosmilch
1 TL Chiasamen
einige Minzblätter zum Garnieren (optional)

ZUBEREITUNG

Die Cashewkerne in kochendem Wasser 15 Minuten garen. Anschließend in ein Sieb abgießen. Die Minzblätter waschen und trocken tupfen. Kokosmilch, Minzblätter, 1 EL Zitronensaft, ½ TL Vanilleextrakt, 4 EL Ahornsirup, 100 ml Wasser sowie Cashewkerne in einem Standmixer zu einer glatten Masse pürieren.

Die Masse anschließend in einen Topf geben und langsam erhitzen. Das Agar-Agar dazugeben und alles unter Rühren bei mittlerer Hitze etwa 1 Minute köcheln lassen. Die Pannacotta in vier Dessertgläser füllen und 1 ½ Stunden im Kühlschrank gelieren lassen.

Die Himbeeren verlesen, waschen und trocken tupfen. Himbeeren, Kokosmilch, 1 EL Ahornsirup, 2 EL Zitronensaft, ½ TL Vanilleextrakt und Chiasamen in einem Standmixer pürieren und die Sauce ebenfalls im Kühlschrank durchziehen lassen.

Zum Servieren die Himbeersauce über die Pannacotta geben und nach Belieben mit Minzblättern garnieren.

TIPP:

DIE PROFIS UNTER EUCH KÖNNEN DIE HIMBEERSAUCE AUCH AUF FLACHE DESSERTTELLER VERTEILEN UND ANSCHLIESSEND DIE PANNACOTTA AUS DEN FORMEN AUF DEN FRUCHTSPIEGEL STÜRZEN!

Genieße den klassischen Geschmack mit diesem veganen Käsekuchen. Die cremige Füllung auf einem knusprigen Boden macht das Dessert zu einem unwiderstehlichen Leckerbissen.

VEGANER KÄSEKUCHEN

- **Portion:** ergibt 12 Stücke
- **Zubereitungszeit:** 20 Minuten + 60 Minuten Backzeit
- **Nährwerte pro Stück:** 286 kcal | 37 g Kohlenhydrate | 12 g Fett | 6 g Protein

ZUTATEN

250 g Weizenmehl Type 405
1 TL Backpulver
100 g Margarine
220 g Zucker
400 g Seidentofu
600 g Natur-Sojajoghurt
100 g vegane Butter
2 Packungen Vanillepudding-pulver
1 EL Speisestärke
2 EL Zitronensaft
1 TL abgeriebene Bio-Zitronenschale

ZUBEREITUNG

Den Backofen auf 160 °C Umluft vorheizen.

Mehl und Backpulver in einer Schüssel vermischen. Margarine, 80 g Zucker und 3 EL Wasser hinzufügen und alles zu einem glatten Teig kneten. Eine Springform (26 cm Durchmesser) einfetten, den Teig darin gleichmäßig verteilen und andrücken. Der Rand solle etwa 3 cm hoch sein.

Seidentofu, Sojajoghurt, vegane Butter, Vanillepuddingpulver, restlichen Zucker, Speisestärke, Zitronensaft und -abrieb in einer Schüssel mit einem Handrührgerät zu einer glatten Masse verrühren. Die Creme gleichmäßig in die Springform füllen.

Den Kuchen im Ofen auf der mittleren Schiene etwa 60 Minuten backen. Wenn der Teigrand leicht gebräunt ist, den Kuchen aus dem Ofen nehmen.

TIPP:

WER MAG, KANN DEN KÄSEKUCHEN NOCH MIT FRISCHEN BEEREN UND MINZBLÄTTERN GARNIEREN!

Verführe deine Sinne - die seidige Textur und der intensive Charakter von dunkler Schokolade machen die Mousse zu einem perfekten Abschluss für jedes Menü.

MOUSSE AU CHOCOLAT

- **Für 5 Portionen**
- **Zubereitungszeit:** 20 Minuten + 2 Stunden Kühlzeit
- **Nährwerte pro Portion:** 172 kcal | 12 g Kohlenhydrate | 12 g Fett | 3 g Protein

ZUTATEN

120 g Zartbitterschokolade
240 ml Kichererbsenwasser von 2 Dosen Kichererbsen (Aquafaba)
½ TL Backpulver
2 TL Zitronensaft
2 EL Puderzucker
1 TL Vanilleextrakt

ZUBEREITUNG

Die Zartbitterschokolade klein hacken und in einer Metallschüssel über dem heißen Wasserbad unter Rühren schmelzen. Das Wasser sollte dabei nicht kochen, da die Schokolade sonst klumpt. Die geschmolzene Zartbitterschokolade etwas abkühlen lassen.

Das Kichererbsenwasser (Aquafaba) in einen hohen Rührbecher geben. Backpulver, Zitronensaft, Puderzucker und Vanilleextrakt zum Aquafaba geben und anschließend mit einem Handrührgerät auf höchster Stufe zu einem festen Schnee schlagen. Wenn man den Schneebesen des Rührgeräts aus der Masse herauszieht, sollten sich kleine Spitzen im Aquafaba-Schnee bilden - dann ist die richtige Konsistenz erreicht.

Die geschmolzene Zartbitterschokolade zügig, aber vorsichtig unter den veganen Ei-Schnee heben. Dabei kann dieser etwas einfallen. Die Mousse au Chocolat mindestens 2 Stunden kalt stellen. Vor dem Servieren Nocken abstechen und auf Dessertteller verteilen.

TIPP:

NACH BELIEBEN KANNST DU DIE MOUSSE AU CHOCOLAT MIT VEGANEN SCHOKOSTREUSELN UND FRÜCHTEN DEINER WAHL GARNIEREN!

QUELLENVERZEICHNIS

1 The Vegan Society. (o. D.). *Definition of veganism.* https://www.vegansociety.com/go-vegan/definition-veganism

2 EPA (US Environment Protection Agency). (2023). *Global Greenhouse Gas Emissions Data.* https://www.epa.gov/ghgemissions/global-greenhouse-gas-emissions-data

3 Melina, V., Craig, W. & Levin, S. (2016). Position of the Academy of Nutrition and Dietetics: Vegetarian Diets - PubMed. *Journal of the Academy of Nutrition and Dietetics, 116*(12). https://doi.org/10.1016/j.jand.2016.09.025

4 Richter, M., Boeing, H., Grünewald-Funk, D., Heseker, H., Kroke, A., Leschik-Bonnet, E., Oberritter, H., Strohm, D. & Watzl, B. (2016). Vegan diet. Position of the German Nutrition Society (DGE). *Ernährungs Umschau, 63*(04), 92–124. https://doi.org/10.4455/eu.2016.021

5 Le, L. T. & Sabaté, J. (2014). Beyond meatless, the health effects of vegan diets: findings from the Adventist cohorts. *Nutrients, 6*(6), 2131–2147. https://doi.org/10.3390/nu6062131

6 National Institutes of Health. (2021). *Office of Dietary Supplements - Vitamin B_{12}.* Fact Sheet for Health Professionals. https://ods.od.nih.gov/factsheets/VitaminB12-HealthProfessional/

7 Rittenau, N. (2019). *Vegan-Klischee ade!: Wissenschaftlich fundierte Antworten auf die häufigsten Klischees zur pflanzlichen Ernährung* (3. Auflage, S. 106). Ventil Verlag UG

8 ebd.

9 Bo', C. D., Riso, P., Gardana, C., Brusamolino, A., Battezzati, A. & Ciappellano, S. (2019). Effect of two different sublingual dosages of vitamin B_{12} on cobalamin nutritional status in vegans and vegetarians with a marginal deficiency: A randomized controlled trial - PubMed. *Clinical Nutrition (Edinburgh, Scotland), 38*(2). https://doi.org/10.1016/j.clnu.2018.02.008

10 Lüthgens, K.-J. (2019). *Holo-Transcobalamin: Marker zur verbesserten Erkennung von Vitamin-B_{12}-Mangelzuständen.* Labor Enders. https://www.labor-enders.de/2019/12/17/holo-tc/

11 Leitzmann, C. & Keller, M. (2020). *Vegetarische und vegane Ernährung* (S. 331). UTB GmbH

12 Oliver, L., Dietrich, T., Marañón, I., Villarán, M. C. & Barrio, R. J. (2020). Producing omega-3 polyunsaturated fatty acids: A review of sustainable sources and future trends for the EPA and DHA market. *Resources, 9*(12). https://doi.org/10.3390/resources9120148

13 Leitzmann, C. & Keller, M. (2020). *Vegetarische und vegane Ernährung* (S. 336). UTB GmbH

14 U.S. Department of Agriculture. (2019). *FoodData Central.* https://fdc.nal.usda.gov/fdc-app.html#/

15 Baker, E. J., Miles, E. A., Burdge, G. C., Yaqoob, P. & Calder, P. C. (2016). Metabolism and functional effects of plant-derived omega-3 fatty acids in humans - PubMed. *Progress in Lipid Research, 64.* https://doi.org/10.1016/j.plipres.2016.07.002

16 Gibson, R. A., Muhlhausler, B. & Makrides, M. (2011). Conversion of linoleic acid and alpha-linolenic acid to long-chain polyunsaturated fatty acids (LCPUFAs), with a focus on pregnancy, lactation and the first 2 years of life. *Maternal & Child Nutrition, 7*(2), 17–26. https://doi.org/10.1111/j.1740-8709.2011.00299.x

17 Davis, B. C. & Kris-Etherton, P. M. (2003). Achieving optimal essential fatty acid status in vegetarians: Current knowledge and practical implications - PubMed. *The American Journal of Clinical Nutrition, 78*(3). https://doi.org/10.1093/ajcn/78.3.640S

18 Harris, W. S. (2008). The omega-3 index as a risk factor for coronary heart disease - PubMed. *The American Journal of Clinical Nutrition, 87*(6). https://doi.org/10.1093/ajcn/87.6.1997S

19 Craddock, J. C., Neale, E. P., Probst, Y. C. & Peoples, G. E. (2017). Algal supplementation of vegetarian eating patterns improves plasma and serum docosahexaenoic acid concentrations and omega-3 indices: A systematic literature review - PubMed. *Journal of Human Nutrition and Dietetics: The Official Journal of the British Dietetic Associa-tion, 30*(6). https://doi.org/10.1111/jhn.12474

20 Tan, Z. S., Harris, W. S., Beiser, A. S., Au, R., Himali, J. J., Debette, S., Pikula, A., Decarli, C., Wolf, P. A., Vasan, R. S., Robins, S. J. & Seshadri, S. (2012). Red blood cell ω-3 fatty acid levels and markers of accelerated brain aging. *Neurology, 78*(9), 658–664. https://doi.org/10.1212/WNL.0b013e318249f6a9

21 Von Schacky, C. (2014). Omega-3 index and cardiovascular health. *Nutrients, 6*(2), 799–814. https://doi.org/10.3390/nu6020799

22 Vannice, G. & Rasmussen, H. (2014). Position of the academy of nutrition and dietetics: Dietary fatty acids for healthy adults - PubMed. *Journal of the Academy of Nutrition and Dietetics, 114*(1). https://doi.org/10.1016/j.jand.2013.11.001

23 Carlson, S. E., Gajewski, B. J., Alhayek, S., Colombo, J., Kerling, E. H. & Gustafson, K. M. (2018). Dose-response relationship between docosahexaenoic acid (DHA) intake and lower rates of early preterm birth, low birth weight and very low birth weight - PubMed. *Prostaglandins, Leukotrienes, and Essential Fatty Acids, 138*, 1–5. https://doi.org/10.1016/j.plefa.2018.09.002

24 EFSA Panel on Dietetic Products, Nutrition and Allergies (NDA). (2012). Scientific Opinion related to the Tolerable Upper Intake Level of eicosapentaenoic acid (EPA), docosahexaenoic acid (DHA) and docosapentaenoic acid (DPA). *EFSA Journal, 10*(7):2815. [48 pp.] doi:10.2903/j.efsa

25 Max Rubner-Institut (MRI). (2008b). *Nationale Verzehrstudie II. Ergebnisbericht, Teil 2* (S. 110)

26 Deutsche Gesellschaft für Ernährung (DGE). (2012). *Ausgewählte Fragen und Antworten zu Vitamin D.* https://www.dge.de/gesunde-ernaehrung/faq/vitamin-d/

27 Leitzmann, C. & Keller, M. (2020). *Vegetarische und vegane Ernährung* (S. 338 ff.). UTB GmbH

28 Deutsche Gesellschaft für Ernährung (DGE). (2012). *Ausgewählte Fragen und Antworten zu Vitamin D.* https://www.dge.de/gesunde-ernaehrung/faq/vitamin-d/

29 ebd.

30 Holick, M. F., Binkley, N. C., Bischoff-Ferrari, H. A., Gordon, C. M., Hanley, D. A., Heaney, R. P., Murad, M. H. & Weaver, C. M. (2011). Evaluation, Treatment, and Prevention of Vitamin D Deficiency: an Endocrine Society Clinical Practice Guideline, *The Journal of Clinical Endocrinology & Metabolism, 96*(7), 1911–1930, https://doi.org/10.1210/jc.2011-0385

31 National Institutes of Health (NIH). (2022). *Office of Dietary Supplements - Vitamin D.* Fact Sheet for Health Professionals. https://ods.od.nih.gov/factsheets/VitaminD-HealthProfessional/

32 Holick, M. F., Binkley, N. C., Bischoff-Ferrari, H. A., Gordon, C. M., Hanley, D. A., Heaney, R. P., Murad, M. H. & Weaver, C. M. (2011). Evaluation, Treatment, and Prevention of Vitamin D Deficiency: an Endocrine Society Clinical Practice Guideline, *The Journal of Clinical Endocrinology & Metabolism, 96*(7), 1911–1930, https://doi.org/10.1210/jc.2011-0385

33 European Food Safety Authority. (2012). *Scientific Opinion on the Tolerable Upper Intake Level of vitamin D.* EFSA. https://www.efsa.europa.eu/de/efsajournal/pub/2813

34 Richter, M., Boeing, H., Grünewald-Funk, D., Heseker, H., Kroke, A., Leschik-Bonnet, E., Oberritter, H., Strohm, D. & Watzl, B. (2016). Vegan diet. Position of the German Nutrition Society (DGE). *Ernährungs Umschau, 63*(04), 92–124. https://doi.org/10.4455/eu.2016.021

35 Leitzmann, C. & Keller, M. (2020). *Vegetarische und vegane Ernährung* (S. 320). UTB GmbH

36 Bundesministerium für Ernährung und Landwirtschaft (BMEL). (2020). *Jodversorgung in Deutschland: Ergebnisse des Jodmonitorings.* https://www.bmel.de/DE/themen/ernaehrung/gesunde-ernaehrung/degs-jod-studie.html

37 Leitzmann, C. & Keller, M. (2020). *Vegetarische und vegane Ernährung* (S. 320). UTB GmbH

38 World Health Organization (WHO). (2020b, April 29). *Sodium reduction.* https://www.who.int/news-room/fact-sheets/detail/salt-reduction

39 European Food Safety Authority (EFSA). (2018). *Overview on Tolerable Upper Intake Levels as derived by the Scientific Committee on Food (SCF) and*

the EFSA Panel on Dietetic Products, Nutrition and Allergies (NDA). https://www.efsa.europa.eu/sites/default/files/assets/UL_Summary_tables.pdf

40 Weder, S., Schaefer, C., Keller, M. (2020): *Die Gießener vegane Lebensmittelpyramide. Ernährungs Umschau Sonderheft 5: Vegan,* 54-63

41 Deutsche Gesellschaft für Ernährung (DGE). (2022). *Ausgewählte Fragen und Antworten zu veganer Ernährung.* https://www.dge.de/gesunde-ernaehrung/faq/faqs-vegane-ernaerung/

42 World Health Organization (WHO). (2013). *Urinary iodine concentrations for determining iodine status in populations.* https://apps.who.int/iris/bitstream/handle/10665/85972/WHO_NMH_NHD_EPG_13.1_eng.pdf

43 Deutsche Gesellschaft für Ernährung (DGE). (2021). *Ausgewählte Fragen und Antworten zu Selen.* https://www.dge.de/wissenschaft/faqs/selen/

44 ebd.
45 ebd.

46 Thomson, C. D., Chisholm, A., McLachlan, S. K. & Campbell, J. M. (2008). Brazil nuts: an effective way to improve selenium status. *The American Journal of Clinical Nutrition, 87*(2), 379-384. https://doi.org/10.1093/ajcn/87.2.379

47 Weder, S., Schaefer, C. & Keller, M. (2018). *Die Gießener vegane Lebensmittelpyramide. Ernährungs Umschau, Sonderheft(5),* 54-63

48 Bundesamt für Strahlenschutz (BfS). (2023). *Natürliche Radioaktivität in der Nahrung.* https://www.bfs.de/DE/themen/ion/umwelt/lebensmittel/radioaktivitaet-nahrung/radioaktivitaet-nahrung_node.html

49 Rittenau, N. (2019). *Vegan-Klischee ade!: Wissenschaftlich fundierte Antworten auf die häufigsten Klischees zur pflanzlichen Ernährung* (3. Auflage., S. 201). Ventil Verlag UG

50 Xia, Y., Hill, K. E., Li, P., Xu, J., Zhou, D., Motley, A. K., Wang, L., Byrne, D. W. & Burk, R. F. (2010). Optimization of selenoprotein P and other plasma selenium biomarkers for the assessment of the selenium nutritional requirement: A placebo-controlled, double-blind study of selenomethionine supplementation in selenium-deficient Chinese subjects. *The American Journal of Clinical Nutrition, 92*(3), 525-531. https://doi.org/10.3945/ajcn.2010.29642

51 Deutsche Gesellschaft für Ernährung (DGE). (2019). *Ausgewählte Fragen und Antworten zu Zink.* https://www.dge.de/gesunde-ernaehrung/faq/ausgewaehlte-fragen-und-antworten-zu-zink/

52 Lönnerdal, B. (2000). Dietary factors influencing zinc absorption - PubMed. *The Journal of Nutrition, 130*(5). https://doi.org/10.1093/jn/130.5.1378S

53 Bundesinstitut für Risikobewertung (BfR). (2021). *Höchstmengenvorschläge für Zink in Lebensmitteln inklusive Nahrungsergänzungsmitteln.* https://www.bfr.bund.de/cm/343/hoechstmengenvorschlaege-fuer-zink-in-lebensmitteln-inklusive-nahrungsergaenzungsmitteln.pdf

54 Leitzmann, C. & Keller, M. (2020). *Vegetarische und vegane Ernährung.* UTB GmbH

55 Bioscientia MVZ Labor Karlsruhe. (o. D.). *Zink im Vollblut.* https://www.labor-karlsruhe.de/lv/?module=analyte&action=einzel&id=2262

56 National Institutes of Health (NIH). (2021). *Office of Dietary Supplements - Iron. Consumer.* https://ods.od.nih.gov/factsheets/Iron-Consumer/

57 Max Rubner-Institut (MRI). (2008b). *Nationale Verzehrstudie II.* Ergebnisbericht, Teil 2 (S. 136)

58 Leitzmann, C. & Keller, M. (2020). *Vegetarische und vegane Ernährung.* UTB GmbH

59 Hahn, A., Ströhle, A. & Wolters, M. (2015). *Ernährung: Physiologische Grundlagen, Prävention, Therapie.* Wissenschaftliche Verlagsgesellschaft

60 Deutsche Gesellschaft für Ernährung (DGE). (2020). *Ausgewählte Fragen und Antworten zu veganer Ernährung.* https://www.dge.de/gesunde-ernaehrung/faq/faqs-vegane-ernaerung/

61 Morck, T. A., Lynch, S. R. & Cook, J. D. (1983). Inhibition of food iron absorption by coffee - PubMed. *The American Journal of Clinical Nutrition, 37*(3). https://doi.org/10.1093/ajcn/37.3.416

62 Saunders, A. V., Craig, W. J., Baines, S. K. & Posen, J. S. (2013). Iron and vegetarian diets - PubMed. *The Medical Journal of Australia, 199*(S4). https://doi.org/10.5694/mja11.11494

63 ebd.

64 Hahn, A., Ströhle, A. & Wolters, M. (2015). *Ernährung: Physiologische Grundlagen, Prävention, Therapie.* Wissenschaftliche Verlagsgesellschaft

65 Amboss. (2021). *Eisenmangel.* Wissen @ AMBOSS. https://www.amboss.com/de/wissen/Eisenmangel/

66 ebd.

67 World Health Organization (WHO). (2011). Haemoglobin concentrations for the diagnosis of anaemia and assessment of severity. *Vitamin and Mineral Nutrition Information System.* Geneva, World Health Organization. https://www.who.int/publications/i/item/WHO-NMH-NHD-MNM-11.1

68 Bundesinstitut für Risikobewertung (BfR). (2021). *Höchstmengenvorschläge für Eisen in Lebensmitteln inklusive Nahrungsergänzungsmitteln.* https://www.bfr.bund.de/cm/343/hoechstmengenvorschlaege-fuer-eisen-in-lebensmitteln-inklusive-nahrungsergaenzungsmitteln.pdf

69 Deutsche Gesellschaft für Ernährung (DGE). (2013). *Ausgewählte Fragen und Antworten zu Calcium.* https://www.dge.de/gesunde-ernaehrung/faq/calcium/

70 Leitzmann, C. & Keller, M. (2020). *Vegetarische und vegane Ernährung* (S. 351). UTB GmbH

71 Max Rubner-Institut (MRI). (2008b). *Nationale Verzehrstudie II.* Ergebnisbericht, Teil 2 (S. 131)

72 Deutsche Gesellschaft für Ernährung (DGE). (2013). *Ausgewählte Fragen und Antworten zu Calcium.* https://www.dge.de/gesunde-ernaehrung/faq/calcium/

73 Leitzmann, C. & Keller, M. (2020). *Vegetarische und vegane Ernährung* (S. 357). UTB GmbH

74 Deutsche Gesellschaft für Ernährung (DGE). (2015). *Referenzwert Riboflavin (Vitamin B_2).* https://www.dge.de/wissenschaft/referenzwerte/riboflavin/

75 National Institutes of Health (NIH). (2021). *Office of Dietary Supplements - Riboflavin.* Fact Sheet for Health Professionals. https://ods.od.nih.gov/factsheets/Riboflavin-HealthProfessional/#h7

76 International University of Applied Sciences (IUBH). (2020). *Biochemie und Biochemie der Ernährung,* Bad Honnef

77 Leitzmann, C. & Keller, M. (2020). *Vegetarische und vegane Ernährung* (S. 358). UTB GmbH

78 Deutsche Gesellschaft für Ernährung (DGE), Österreichische Gesellschaft für Ernährung (ÖGE), Schweizerische Gesellschaft für Ernährung (SGE). (2021). *D-A-CH Referenzwerte für die Nährstoffzufuhr* (2. Auflage, 7. aktualisierte Ausgabe). Neuer Umschau Buchverlag

79 Kniskern, M. A. & Johnston, C. S. (2011). Protein dietary reference intakes may be inadequate for vegetarians if low amounts of animal protein are consumed - PubMed. *Nutrition (Burbank, Los Angeles County, Calif.), 27*(6). https://doi.org/10.1016/j.nut.2010.08.024

80 König, D., Carlsohn, A., Braun, H., Großhauser, M., Lampen, A., Mosler, S., Nieß, A., Schäbethal, K., Schek, A., Virmani, K., Ziegenhagen, R. & Heseker, H. (2020). Proteins in sports nutrition. Position of the working group sports nutrition of the German Nutrition Society (DGE). *Ernährungs Umschau. 67*(7): 132-9. DOI: 10.4455/eu.2020.039

81 ebd.

82 Deutsche Gesellschaft für Ernährung (DGE). (2021). *Ausgewählte Fragen und Antworten zu Protein und unentbehrlichen Aminosäuren.* https://www.dge.de/gesunde-ernaehrung/faq/ausgewaehlte-fragen-und-antworten-zu-protein-und-unentbehrlichen-aminosaeuren/

83 Leitzmann, C. & Keller, M. (2020). *Vegetarische und vegane Ernährung* (S. 293). UTB GmbH

84 ebd.

85 Harvard T.H. Chan School of Public Health. (2018). *Straight talk about soy.* The Nutrition Source. https://www.hsph.harvard.edu/nutritionsource/soy/

86 Weiterführende Quellen zu den genannten durch die Ernährung beeinflussten Krankheiten:

– Krebs
World Health Organization. (WHO). (2015). *Cancer: Carcinogenicity of the consumption of red meat and processed meat.* https://www.who.int/news-room/questions-and-answers/item/cancer-carcinogenicity-of-the- consumption-of-red-meat-and-processed-meat

World Cancer Research Fund. (2020). *Colorectal cancer.* WCRF International. https://www.wcrf.org/dietandcancer/colorectal-cancer/

– Kardiovaskuläre Erkrankungen
Chen, Z., Glisic, M., Song, M., Aliahmad, H. A., Zhang, X., Moumdjian, A. C., Gonzalez-Jaramillo, V., Schaft, N., van der, Bramer, W. M., Ikram, M. A. & Voortman, T. (2020). Dietary protein intake and all-cause and cause-specific mortality: Results from the Rotterdam Study and a meta-analysis of prospective

cohort studies. *European Journal of Epidemiology, 35*(5), 411–429. https://doi.org/10.1007/s10654-020-00607-6

Budhathoki, S., Sawada, N., Iwasaki, M. et al. (2019). Association of animal and plant protein intake with all-cause and cause-specific mortality in a Japanese. *JAMA Internal Medicine, 179*(11), 1509–1518. https://doi.org/10.1001/jamainternmed.2019.2806

Tharrey, M., Mariotti, F., Mashchak, A., Barbillon, P., Delattre, M. & Fraser, G. E. (2018). Patterns of plant and animal protein intake are strongly associated with cardiovascular mortality: The Adventist Health Study-2 cohort. *International Journal of Epidemiology, 47*(5), 1603–1612. https://doi.org/10.1093/ije/dyy030

– Diabetes mellitus Typ 2
Tian, S., Xu, Q., Jiang, R., Han, T., Sun, C. & Na, L. (2017). Dietary protein consumption and the risk of type 2 diabetes: A systematic review and meta-analysis of cohort studies. *Nutrients, 9*(9), 982. https://doi.org/10.3390/nu9090982

Zhao, Z., Li, S., Liu, G., Yan, F., Ma, X., Huang, Z. & Tian, H. (2012). Body iron stores and heme-iron intake in relation to risk of type 2 diabetes: A systematic review and meta-analysis. *PLOS ONE, 7*(7). https://doi.org/10.1371/journal.pone.0041641

Talaei, M., Wang, Y., Yuan, J., Pan, A. & Koh, W. (2017). Meat, dietary heme iron, and risk of type 2 diabetes mellitus: The Singapore Chinese health study. *American Journal of Epidemiology, 186*(7), 824–833. https://doi.org/10.1093/aje/kwx156

87 World Health Organization (WHO). (2015). *Cancer: Carcinogenicity of the consumption of red meat and processed meat.* https://www.who.int/news-room/questions-and-answers/item/cancer-carcinogenicity-of-the-consumption-of-red-meat-and-processed-meat

88 IARC Working Group on the Evaluation of Carcinogenic Risks to Humans. (2018, January 1). *5. SUMMARY OF DATA REPORTED.* NCBI Bookshelf. https://www.ncbi.nlm.nih.gov/books/NBK507974/#a018.sec5.2

89 Budhathoki, S., Sawada, N., Iwasaki, M. et al. (2019). Association of animal and plant protein intake with all-cause and cause-specific mortality in a Japanese Cohort. *JAMA Internal Medicine, 179*(11), 1509–1518. https://doi.org/10.1001/jamainternmed.2019.2806

90 Song, M., Fung, T. T., Hu, F. B. et al. (2016). Association of animal and plant protein intake with all-cause and cause-specific mortality. *JAMA Internal Medicine, 176*(10), 1453–1463. https://doi.org/10.1001/jamainternmed.2016.4182

91 Chen, Z., Glisic, M., Song, M., Aliahmad, H. A., Zhang, X., Moumdjian, A. C., Gonzalez-Jaramillo, V., Schaft, N., van der, Bramer, W. M., Ikram, M. A. & Voortman, T. (2020). Dietary protein intake and all-cause and cause-specific mortality: Results from the Rotterdam Study and a meta-analysis of prospective cohort studies. *European Journal of Epidemiology, 35*(5), 411–429. https://doi.org/10.1007/s10654-020-00607-6

92 Budhathoki, S., Sawada, N., Iwasaki, M. et al. (2019). Association of animal and plant protein intake with all-cause and cause-specific mortality in a Japanese Cohort. *JAMA Internal Medicine, 179*(11), 1509–1518. https://doi.org/10.1001/jamainternmed.2019.2806

93 ebd.

94 Shang, X., Scott, D., Hodge, A. M., English, D. R., Giles, G. G., Ebeling, P. R. & Sanders, K. M. (2016). Dietary protein intake and risk of type 2 diabetes: Results from the Melbourne Collaborative Cohort Study and a meta-analysis of prospective studies – PubMed. *The American Journal of Clinical Nutrition, 104*(5). https://doi.org/10.3945/ajcn.116.140954

95 Heseker, H. & Stahl, A. (2010). Vitamin A: Physiologie, Funktionen, Vorkommen, Referenzwerte und Versorgung in Deutschland. *Ernährungs Umschau 10,* 481–489

96 ebd.

97 Leung, W. C., Hessel, S., Méplan, C., Flint, J., Oberhauser, V., Tourniaire, F., Hesketh, J. E., Lintig, J., von & Lietz, G. (2009). Two common single nucleotide polymorphisms in the gene encoding β-carotene 15,15'-monoxygenase alter β-carotene metabolism in female volunteers. *The FASEB Journal 23,* 1041–1053

98 DGE (Deutsche Gesellschaft für Ernährung), ÖGE (Österreichische Gesellschaft für Ernährung, SGE (Schweizerische Gesellschaft). (2021). *D-A-CH Referenzwerte für die Nährstoffzufuhr* (2. Auflage, 7. aktualisierte Ausgabe). Neuer Umschau Buchverlag

99 Ribaya-Mercado, J. D. (2002). Influence of Dietary Fat on β-Carotene Absorption and Bioconversion into Vitamin A. *Nutrition Reviews 60,* 104–110

100 Westphal, A. & Böhm, V. (2015). Carotenoids. Properties, distribution, bioavailability, metabolism and health effects. *Ernährungs Umschau 11,* 196–207

101 Linus Pauling Institute (2021). *Vitamin A*

102 National Institutes of Health. (2021). *Office of Dietary Supplements – Cholin.* Fact Sheet for Consumers. https://ods.od.nih.gov/factsheets/Choline-Consumer/

103 Institute of Medicine. Food and Nutrition Board. Dietary Reference Intakes: Thiamin, Riboflavin, Niacin, Vitamin B_6, Folate, Vitamin B_{12}, Pantothenic Acid, Biotin, and Choline. Washington, DC: National Academy Press; 1998

104 Patterson, K. Y., Williams, J. R., Howe, J. C. et al. (2008). *USDA Database for the Choline Content of Common Foods.* U.S. Department of Agriculture

105 Weder, S., Schaefer, C., Keller, M. (2020): Die Gießener vegane Lebensmittelpyramide. *Ernährungs Umschau Sonderheft 5: Vegan,* 54–63

106 ebd.

107 Deutsche Gesellschaft für Ernährung (DGE). (2012). *Gemüse und Obst in der Prävention ausgewählter chronischer Krankheiten.* https://www.dge.de//fileadmin/dok/wissenschaft/stellungnahmen/DGE-Stellungnahme-Gemuese-Obst-2012.pdf

108 Leitzmann, C. & Keller, M. (2020). *Vegetarische und vegane Ernährung* (S. 415). UTB GmbH

109 World Health Organization (WHO). (2020). *Healthy diet.* https://www.who.int/news-room/fact-sheets/detail/healthy-diet

110 Deutsche Gesellschaft für Ernährung (DGE). (2012). *Gemüse und Obst in der Prävention ausgewählter chronischer Krankheiten.* https://www.dge.de//fileadmin/dok/wissenschaft/stellungnahmen/DGE-Stellungnahme-Gemuese-Obst-2012.pdf

111 5 am Tag. (2022). *5 am Tag – Obst und Gemüse.* https://www.5amtag.de/5-am-tag-obst/

112 Leitzmann, C. & Keller, M. (2020). *Vegetarische und Vegane Ernährung* (S. 412–415). UTB GmbH

113 Rittenau, N. & Copien, S. (2020). *Vegan-Klischee ade! Das Kochbuch: Kompaktes Wissen, leckere Rezepte. Abwechslungsreiche Ernährung mit dem Baukastensystem.* Dorling Kindersley Verlag GmbH

114 Elmadfa, I. (2019). *Ernährungslehre* (S. 177). UTB GmbH

115 Elmadfa, I. & Leitzmann, C. (2019). *Ernährung des Menschen* (S. 519 f.). UTB GmbH

116 Aune, D., Keum, N., Giovannucci, E., Fadnes, L. T., Boffetta, P., Greenwood, D. C., Tonstad, S., Vatten, L. J., Riboli, E. & Norat, T. (2016). Whole grain consumption and risk of cardiovascular disease, cancer, and all cause specific mortality: Systematic review and dose-response meta-analysis of prospective studies. *BMJ (Clinical Research Ed.), 353,* i2716. https://doi.org/10.1136/bmj.i2716

117 Leitzmann, C. & Keller, M. (2020). *Vegetarische und vegane Ernährung* (S. 415). UTB GmbH.

118 Rittenau, N. & Copien, S. (2020). *Vegan-Klischee ade! Das Kochbuch: Kompaktes Wissen, leckere Rezepte. Abwechslungsreiche Ernährung mit dem Baukastensystem.* Dorling Kindersley Verlag GmbH

119 Deutsche Gesellschaft für Ernährung (DGE). (2012). *Ausgewählte Fragen und Antworten zu Ballaststoffen:* https://www.dge.de/gesunde-ernaehrung/faq/ausgewaehlte-fragen-und-antworten-zu-ballaststoffen/

120 ebd.

121 Anderson, J. W., Baird, P., Jr, R. H. D., Ferreri, S., Knudtson, M., Koraym, A., Waters, V. & Williams, C. L. (2009). Health benefits of dietary fiber – PubMed. *Nutrition Reviews, 67*(4). https://doi.org/10.1111/j.1753- 4887.2009.00189.x

122 Leitzmann, C. & Keller, M. (2020). *Vegetarische und vegane Ernährung* (S. 304). UTB GmbH

123 Deutsche Gesellschaft für Ernährung (DGE). (2012). *Ausgewählte Fragen und Antworten zu Ballaststoffen:* https://www.dge.de/gesunde-ernaehrung/faq/ausgewaehlte-fragen-und-antworten-zu-ballaststoffen/

124 Rittenau, N. (2019). *Vegan-Klischee ade!: Wissenschaftlich fundierte Antworten auf die häufigsten Klischees zur pflanzlichen Ernährung* (3. Auflage, S. 270). Ventil Verlag UG

125 Winham, D. M. & Hutchins, A. M. (2011). Perceptions of flatulence from bean consumption among adults in 3 feeding studies. *Nutrition Journal, 10*(1), 1–9. https://doi.org/10.1186/1475-2891-10-128

126 Leitzmann, C. & Keller, M. (2020). *Vegetarische und vegane Ernährung* (S. 418). UTB GmbH

127 Rittenau, N. & Copien, S. (2020). *Vegan-Klischee ade! Das Kochbuch: Kompaktes Wissen, leckere Rezepte. Abwechslungsreiche Ernährung mit dem Baukastensystem.* Dorling Kindersley Verlag GmbH

128 Sabaté, J., Ros, E. & Salas-Salvadó, J. (2007). Nuts: Nutrition and health outcomes. *British Journal of Nutrition, 96*(S2), S1-S2. https://doi.org/10.1017/BJN20061857

129 Rittenau, N. (2019). *Vegan-Klischee ade!: Wissenschaftlich fundierte Antworten auf die häufigsten Klischees zur pflanzlichen Ernährung* (3. Auflage, S. 332 ff.). Ventil Verlag UG

130 Leitzmann, C. & Keller, M. (2020). *Vegetarische und vegane Ernährung* (S. 124). UTB GmbH

131 ebd.

132 Rittenau, N. (2019). *Vegan-Klischee ade!: Wissenschaftlich fundierte Antworten auf die häufigsten Klischees zur pflanzlichen Ernährung* (3. Auflage, S. 390 ff.). Ventil Verlag UG

133 Matthäus, B. (2014). *Fette und Öle: Grundlagenwissen und praktische Verwendung.* Ernährungs Umschau, 03/2014. https://www.ernaehrungs-umschau.de/fileadmin/Ernaehrungs-Umschau/pdfs/pdf_2014/03_14/EU03_2014_M162_M170_fortbildung.pdf

134 De Alzaa, F., Guillaume, C., Ravetti, L. (2021). *Cooking with Extra Virgin Olive Oil.* IntechOpen. https://doi.org/10.5772/intechopen.97165

135 Guillaume, C. et al. (2018). Evaluation of Chemical and Physical Changes in Different Commercial Oils during Heating. *Acta Scientific Nutritional Health 2*(6), 02-11

136 Rittenau, N. & Copien, S. (2020). *Vegan-Klischee ade! Das Kochbuch: Kompaktes Wissen, leckere Rezepte. Abwechslungsreiche Ernährung mit dem Baukastensystem.* Dorling Kindersley Verlag GmbH

137 Afshin, A., Sur, P. J., Fay, K. A., Cornaby, L., Ferrara, G., Salama, J. S., Mullany, E. C., Abate, K. H., Abbafati, C., Abebe, Z., Afarideh, M., Aggarwal, A., Agrawal, S., Akinyemiju, T., Alahdab, F., Bacha, U., Bachman, V. F., Badali, H., Badawi, A., Murray, C. J. L. (2019). Health effects of dietary risks in 195 countries, 1990-2017: A systematic analysis for the Global Burden of Disease Study 2017. *The Lancet, 393*(10184), 1958-1972. https://doi.org/10.1016/S0140-6736(19)30041-8

138 ebd.

139 World Health Organization (WHO). (2020). *Sodium reduction.* https://www.who.int/news-room/fact- sheets/detail/salt-reduction

140 Afshin, A., Sur, P. J., Fay, K. A., Cornaby, L., Ferrara, G., Salama, J. S., Mullany, E. C., Abate, K. H., Abbafati, C., Abebe, Z., Afarideh, M., Aggarwal, A., Agrawal, S., Akinyemiju, T., Alahdab, F., Bacha, U., Bachman, V. F., Badali, H., Badawi, A., Murray, C. J. L. (2019). Health effects of dietary risks in 195 countries, 1990-2017: A systematic analysis for the Global Burden of Disease Study 2017. *The Lancet, 393*(10184), 1958-1972. https://doi.org/10.1016/S0140-6736(19)30041-8

141 World Health Organization (WHO). (2015). *Guideline: Sugars intake for adults and children.* https://www.who.int/publications-detail-redirect/9789241549028

142 Leitzmann, C. & Keller, M. (2020). *Vegetarische und vegane Ernährung* (S. 107). UTB GmbH

143 World Health Organization (WHO). (2015). *Guideline: Sugars intake for adults and children.* https://www.who.int/publications-detail-redirect/9789241549028

144 Leitzmann, C. & Keller, M. (2020). *Vegetarische und vegane Ernährung* (S. 107). UTB GmbH

145 Rittenau, N. & Copien, S. (2020). *Vegan-Klischee ade! Das Kochbuch: Kompaktes Wissen, leckere Rezepte. Abwechslungsreiche Ernährung mit dem Baukastensystem.* Dorling Kindersley Verlag GmbH

146 ebd.

147 Greger, M. (2020). *How Not to Diet: Gesund abnehmen und dauerhaft schlank bleiben dank neuester wissenschaftlich bewiesener Erkenntnisse.* BASTEI LÜBBE

148 Harvard T.H. Chan School of Public Health. (2018). *Straight talk about soy.* The Nutrition Source. https://www.hsph.harvard.edu/nutritionsource/soy/

149 ebd.

150 Rittenau, N. (2019). *Vegan-Klischee ade!: Wissenschaftlich fundierte Antworten auf die häufigsten Klischees zur pflanzlichen Ernährung* (3. Auflage, S. 390). Ventil Verlag UG

151 Harvard T.H. Chan School of Public Health. (2018). *Straight talk about soy.* The Nutrition Source. https://www.hsph.harvard.edu/nutritionsource/soy/

152 ebd.

153 Hilakivi-Clarke, L., Andrade, J. E. & Helferich, W. (2010). Is soy consumption good or bad for the breast? *The Journal of Nutrition, 140*(12), 2326S-2334S. https://doi.org/10.3945/jn.110.124230

154 Okekunle, A. P., Gao, J., Wu, X., Feng, R. & Sun, C. (2020). Higher dietary soy intake appears inversely related to breast cancer risk independent of estrogen receptor breast cancer phenotypes. *Heliyon, 6*(7), e04228. https://doi.org/10.1016/j.heliyon.2020.e04228

155 Harvard T.H. Chan School of Public Health. (2018). *Straight talk about soy.* The Nutrition Source. https://www.hsph.harvard.edu/nutritionsource/soy/

156 Reed, K. E., Camargo, J., Hamilton-Reeves, J., Kurzer, M. & Messina, M. (2021). Neither soy nor isoflavone intake affects male reproductive hormones: An expanded and updated meta-analysis of clinical studies. *Reproductive Toxicology, 100,* 60-67. https://doi.org/10.1016/j.reprotox.2020.12.019

157 Beaton, L. K., McVeigh, B. L., Dillingham, B. L., Lampe, J. W. & Duncan, A. M. (2010). Soy protein isolates of varying isoflavone content do not adversely affect semen quality in healthy young men. *Fertility and Sterility, 94*(5), 1717-1722. https://doi.org/10.1016/j.fertnstert.2009.08.055

158 Siepmann, T., Roofeh, J., Kiefer, F. W. & Edelson, D. G. (2011). Hypogonadism and erectile dysfunction associated with soy product consumption - PubMed. Nutrition *(Burbank, Los Angeles County, Calif.), 27*(7-8). https://doi.org/10.1016/j.nut.2010.10.018

159 Messina, M. & Redmond, G. (2006). Effects of soy protein and soybean isoflavones on thyroid function in healthy adults and hypothyroid patients: A review of the relevant literature. *Thyroid, 16*(3), 249-258. https://doi.org/10.1089/thy.2006.16.249

160 Rittenau, N., Winters, E., Schönfeld, P. & Kirschke, S. (2020). *„Vegan ist Unsinn!": 111 Argumente gegen den Veganismus und wie man sie entkräftet.* Becker Joest Volk Verlag GmbH & Co. KG

161 Rittenau, N. (2019). *Vegan-Klischee ade!: Wissenschaftlich fundierte Antworten auf die häufigsten Klischees zur pflanzlichen Ernährung* (3. Auflage, S. 391). Ventil Verlag UG

162 Rittenau, N., Winters, E., Schönfeld, P. & Kirschke, S. (2020). *„Vegan ist Unsinn!": 111 Argumente gegen den Veganismus und wie man sie entkräftet.* Becker Joest Volk Verlag GmbH & Co. KG

163 Vandenplas, Y., Castrellon, P. G., Rivas, R., Gutiérrez, C. J., Garcia, L. D., Jimenez, J. E., Anzo, A., Hegar, B. & Alarcon, P. (2014). Safety of soya-based infant formulas in children - PubMed. *The British Journal of Nutrition, 111*(8). https://doi.org/10.1017/S0007114513003942

164 Cassidy, A. & Hooper, L. (2006). Phytoestrogens and cardiovascular disease - PubMed. *The Journal of the British Menopause Society, 12*(2). https://doi.org/10.1258/136218006777525776

165 Applegate, C. C., Rowles, J. L., Ranard, K. M., Jeon, S. & Erdman, J. W. (2018). Soy consumption and the risk of prostate cancer: An updated systematic review and meta-analysis. *Nutrients, 10*(1). https://doi.org/10.3390/nu10010040

166 Messina, M., Watanabe, S. & Setchell, K. D. R. (2009). Report on the 8th International Symposium on the Role of Soy in health promotion and chronic disease prevention and treatment - PubMed. *The Journal of Nutrition, 139*(4). https://doi.org/10.3945/jn.108.104182

167 Leitzmann, C. & Keller, M. (2020). *Vegetarische und vegane Ernährung* (S. 419). UTB GmbH

168 Dittrich, N., Knips, Y., Mühleisen, I. & Clausen, A. (2020). *Vegetarische und vegane Ersatzprodukte. Ernährungs Umschau - Sonderheft 5: Vegan,* 26-33

REZEPTE VON A-Z

REZEPTE NACH ZUTATEN

ZUM AUTOR

Tobias Seitle ist leidenschaftlicher Befürworter einer gesunden Ernährung und beschäftigt sich seit mehr als einem Jahrzehnt mit diesem Thema. Deshalb entschied er sich auch für ein Studium der Ernährungswissenschaften. Gleichzeitig ist er als Content Creator in den sozialen Medien tätig. Er selbst ernährt sich seit über vier Jahren vegan, vollzog praktisch über Nacht den Schritt zur veganen Lebensweise.

IMPRESSUM

Hinter jedem tollen Buch steckt ein starkes Team

Projektleitung: *Nadine Widl*
Lektorat: *Lisa Duhme/Nicole Zobel*
Cover, grafische Gestaltung und Satz: *31Media GmbH, Stephanie Willing*
Peoplefotografie: *31Media GmbH, Sebastian Knoth*
Foodfotografie: *31Media GmbH, Martin Gentschow*
Foodstyling: *31Media GmbH, Torsten Hülsmann*
Herstellung: *Frank Jansen*
Producing: *Jan Russok*
Druck & Bindung: *optimal media GmbH, Röbel*

1. Auflage 2024

Kaiserstraße 14 b
D-80801 München
ISBN: 978-3-96584-404-9

FOOD FOTOS

Im Buch enthaltene Fotos können zur eigenen Nutzung erworben werden unter *www.stockfood.de*

HINWEIS

Die Ratschläge in diesem Buch wurden mit größter Sorgfalt von Autor und Verlag erarbeitet und geprüft. Eine Garantie kann jedoch nicht übernommen werden. Ebenso ist eine Haftung des Autors bzw. des Verlags und seiner Beauftragten für Personen-, Sach- oder Vermögensschäden ausgeschlossen. Erkrankungen mit ernstem Hintergrund gehören in ärztliche Behandlung! Bei bereits bestehenden Beschwerden kann das Buch daher keinen fachärztlichen Rat ersetzen.

LIEBE LESERINNEN, LIEBE LESER,

wie schön, dass Sie ein Buch von ZS in den Händen halten. „Jetzt leben!“ ist das Motto unseres Verlages. Es steht für Genuss und Inspiration, Unterstützung und Motivation. Ob Kulinarik oder Fitness, Gesundheit oder Lebenshilfe – seit über 30 Jahren bieten wir kompetente Ratgeber für (fast) alle Lebenslagen. Wir lieben Tradition genauso wie Innovation – sie treiben uns an. Unsere Autorinnen und Autoren sind Menschen, die zu ihrem Thema wirklich etwas zu sagen und zu schreiben haben. Unsere Produkte sind erzählerisch, appetitmachend und als gedruckte Bücher haptisch echte Erlebnisse. Für Sie mit ganz viel Liebe gemacht! Entdecken Sie mehr aus unserer wunderbaren Welt!

UNSER VERLAGSHAUS

Mit Standorten in Hamburg und München zählt die Edel Verlagsgruppe zu den größten unabhängigen Buchanbietern Deutschlands. Zur Gruppe gehören die Verlage Dr. Oetker Verlag, Edel Sports, KARIBU und ZS.

ZS - Ein Verlag der Edel Verlagsgruppe
www.zsverlag.de
www.facebook.com/zsverlag
www.instagram.com/zsverlag

FÜR DIE UMWELT

ZS unterstützt bei der Produktion dieses Buches das Projekt „Junge Riesen für die nächsten 100 Jahre“ im Naturpark Nossentiner/Schwinzer Heide. Damit wird ein Anteil der unvermeidbaren CO_2-Emissionen im direkten Umfeld des Produktionsstandortes kompensiert.

PARTNER
Naturpark Nossentiner / Schwinzer Heide
www.optimal-media.com/naturschutzprojekt-001

NEWSLETTER

Was koche ich heute Feines? Und wie geht das – schmackhaft und gesund?

Melden Sie sich jetzt zum ZS-Genuss-Service an und verpassen Sie keine kulinarischen und gesundheitlichen Trends mehr.
Wir informieren Sie regelmäßig über unsere Neuerscheinungen, Aktionen oder Gewinnspiele und verraten Ihnen unsere Lieblingsrezepte!

GEWINNEN

Unter allen Neuabonnierenden verlosen wir jeden Monat eine *ZS-Genuss-Box* im Wert von 75,00 €.

Jetzt anmelden unter:
www.zsverlag.de/newsletter
oder den QR Code scannen:

ANMELDEN!